Luck Is
No
Accident

その幸運は偶然ではないんです！

夢の仕事をつかむ心の練習問題

J. D. クランボルツ＋
A. S. レヴィン
著
花田光世＋
大木紀子＋
宮地夕紀子
訳

ダイヤモンド社

Luck Is No Accident

by

John D. Krumboltz, Ph.D. and Al S. Levin, Ed.D.

Original English language edition published by Impact Publishers, Inc.
Japanese translation rights arranged with Impact Publishers, Inc.
through Japan UNI Agency, Inc., Tokyo

はじめに

幸運やチャンス、予期せぬ出来事に関する本はたくさんありますが、この本はほかの本とは少し違います。私たちは「幸運は偶然ではない（Luck is No Accident.）」と考えているのです。キャリアや人生を前に進めるような予想外の出来事が起きて、それが本物のチャンスに変わるときには、その人自身が重要な役割を果たしています。この本はキャリアについて書かれていますが、その内容は、人生のほかの場面、たとえば恋愛にも応用できるものだと私たちは考えています。

実は、この本の題名の背景にも「幸運は偶然ではない」ということを示すよい例があります。本を書くときに最も難しいことのひとつに、よいタイトルを考えることがあります。本のタイトルは、少ない字数でそのテーマを表現していなくてはなりません。わかりやすくて、できれば魅力的でなくてはなりません。

私たちは何カ月もいろいろと悩みました。私たちが編集者のボブ・アルバーティに最終案を伝えようとしたとき、「これは六三番目の案ですよね！」と彼はやけくそ気味に言ったのでした。

この本のタイトルが決まるまでのアル・レヴィン（この本の著者）の実話を紹介しましょう。

妻のエイリーンと娘のレイチェルと私は、私たちがよく行く近所のレストランに夕食に出かけることにしました。店に到着すると、ウェイトレスが私たちに挨拶をして、席の用意が整うまで五分ほどかかると言いました。

待っている間、エイリーンは「成功とは無事故：安全第一賞二〇〇一（Success is no accident : safety first award 2001）」と書かれた額に目をとめ、即座に私のほうを向いて言いました。「あなたの本のタイトルにあんなのはどう？　ほら、"Luck is No accident" みたいな」

それは完璧なアイデアでした。

この出来事を「単なる幸運」と言う人もいるでしょう。しかし、私たちは違う見方をします。みんなが気に入るような新しいタイトル案が誕生するまでにはいくつかの行動が取られています。この「幸運」の事例から、私たちはどんなことを学べるでしょうか。

周囲に注意を払う。

✣エイリーンは、何度も行ったことのあるような、日常的で代わり映えのしない場所でも、周囲によく注意を払っていました。

リスクを取る——拒否される可能性があっても。

✣アルがそれまでにエイリーンが提案した本のタイトル案を却下したことがあるにもかかわらず、エイリーンは自分の発見をアルに伝えました。

柔軟でオープンマインドである。

✣エイリーンは、額に記されていた言葉を本のコンセプトに結びつけて考えました。

✣進捗が遅れ気味だったにもかかわらず、共著者や出版社は新しいタイトルの提案に対してオープンマインドな姿勢でした。

おそらくあなたは何か解決したい問題を抱えているからこの本を手にしたのでしょう。仕事で不満を抱えているのでしょうか？　失業中なのでしょうか？　キャリアや人生における難しい意思決定を迫られているのでしょうか？　いわゆる「幸運」がやってくることを願っているのでしょうか？　この本は、自分自身で運をつくりだし、それを活かすためのヒントをあなたに教えてくれるはずです。

この本には「幸運は偶然ではない」ということを証明する話として、有名人の話も、ごく普通の人の話も登場します。おそらくだれもがどこかで似たような経験をしているのだと思います。

この本を読み終えたとき、今度はあなたが、自分自身の幸運のストーリーを書き綴ってくれることを願っています。

その幸運は偶然ではないんです！

Luck Is No Accident

目次

第3章 目を覚ませ！ 夢が現実になる前に

第4章

結果が見えなくてもやってみる 91

第5章 どんどん間違えよう 121

第6章

行動を起こして自分の運をつくりだす

第7章

まず仕事に就いて それからスキルを学ぶ 183

第8章 内なる壁を克服する 205

第1章

想定外の出来事を最大限に活用する

人生の目標を決め、将来のキャリア設計を考え、自分の性格やタイプを分析したからといって、自分が望む仕事を見つけることができ、理想のライフスタイルを手に入れることができるとは限りません。

人生には、予測不可能なことのほうが多いし、あなたは遭遇する人々や出来事の影響を受け続けるのです。

結果がわからないときでも、行動を起こして新しいチャンスを切り開くこと、偶然の出来事を最大限に活用することが大事なのです。

慎重に立てた計画よりも、想定外の出来事や偶然の出来事が、あなたの人生やキャリアに影響を与えていると感じたことはありませんか？　偶然の出会い、中止になったミーティング、休暇の旅行、穴埋めの仕事、新しく発見した趣味――こうしたことが、人生やキャリアを思わぬ方向へと運んでくれる経験――偶然の出来事（happenstance）――の一部です。

この本を通して私たちがあなたに伝えたいのは、結果がわからないときでも、行動を起こして新しいチャンスを切り開くこと、偶然の出来事を活用すること、選択肢を常にオープンにしておくこと、そして人生に起きることを最大限に活用することです。私たちは、決して計画を立てることを否定するわけではありません。ただ、うまくいっていない計画に固執するべきではないと考えているのです。

あなたは想定外の出来事のせいで、計画を変更したことがどれくらいあるでしょうか？　少し立ち止まって考えてみれば、偶然の出来事はかなり頻繁に起きていることに気づくことでしょう。

たとえば、あなたの新しい上司が、実は本当に話のわかる人だということに気がついたり、あなたの好きなスポーツチームが予想に反して優勝したり、そういうすばらしい驚きもあれば、まったく反対に、最悪ともいうべき偶然の出来事もあるでしょう。また、よい結果と悪い結果の両方を持つ偶然の出来事もたくさんあります。

想定外の出来事は、生涯にわたって起こり続けます。あなたの人生に影響を与える出来事の多くは、実際にはあなたが生まれるよりもずっと前に起きています。たとえば、自分の親や、母国語、人種や出生地などを自分で選ぶことはできません。最初に通った学校、同級生や先生の選択に関して、あなたはいったいどれほどコントロールできたでしょうか？　友達は自分で選んだと思うかもしれませんが、実際には、住んでいるところや、学校、仕事、家族のつながりなどでお互いに近くにいれば、たいていの人は友達になるものです。

キャリアはどうでしょう？　大学での専攻分野や、職業、会社、同僚、上司にも想定外の出来事が影響を与えています。自分の職業は自分で自由に選んだとだれもが思いたいものですが、私たちには限られた選択肢しか与えられていません。あなたが会社を選んだのでしょうか？　それとも、会社があなたを選んだのでしょうか？　おそらく、自分で同僚や上司を選ぶことができた人はほとんどいないはずです。

自分がコントロールできることなんて存在するのだろうか？　とあなたは思うかもしれません。

幸いなことに、私たちは自分の行動と、さまざまな経験に対する自分の反応をコントロールすることができます。この二つは、人生の方向を決める重要な要因です。

人生の情熱を見つけ、キャリアの目標を定め、自分の性格タイプを理解して、時には星座も考慮に入れれば、完璧な仕事、ライフスタイル、パートナーを見つけるための手がかりがつかめると約束する本もあります。そういう本は、人生の予測不可能な側面を考慮していません。家族や友人、経済や技術の変化など、あなたは遭遇する人々や出来事の影響を受け続けるのです。だれにも将来を予測することはできません。偶然の出来事との遭遇は避けられないものです。でも、あなたが注意を怠らなければ、それらを最大限に活用することができるでしょう。

自分の行動をコントロールすること、人生に影響をもたらす出来事に対して自分がどう思うかをコントロールすることはできますが、結果をコントロールすることはだれにもできません。しかし、あなたの行動次第で望ましい結果が起こる確率を高めることができるのです。人生には保証されているものは何ひとつありません。唯一確かなことは、何もしないでいる限り、どこにもたどり着かないということでしょう。

予期せぬ失望を利用する

想定外の出来事には、よいこともあれば、悪いこともあります。よいことも悪いことも、どちらも私たちにチャンスを与えてくれます。がっかりするような出来事をクレアはどう利用したかを見てみましょう。

Claire's Case

トラブルがきっかけで旅行へ
そこで自分に合う仕事が見つかった
クレアのケース

私はサンフランシスコで働いていました。でも、仕事にはそれほど興味を持っていませんでした。毎日退屈していて、疲れていて、何か新しい変化が起こることを求めていました。やっと年に一度の休暇が取れることになりました。さっそく航空券を購入し、出発準備も万端で、空港で飛行機の出発を待っているときに、私の乗る便が欠航になってしまいました。なんということでしょう。私は自分の休暇が台無しになってしまったことにがっかりし、気力を失ってしまいました。航空会社は、どこへでも行ける一年間有効の航空券をくれましたが、結局どこへも行かず、家に閉じこもってしまいました。

その後、航空券のことなど忘れてしまっていたのですが、有効期間の一年間がそろそろ終わる頃、ふと航空券のことを思い出しました。そうだ、もう興味のわかない仕事を辞めて少し休みを取るいい機会だ、と思ったのです。どこに行くかあまり深い考えはなかったのですが、以前から興味を持っていたボストン、具体的にはハーバード大学に行ってみたいと思い立ちました。

ハーバード大学のキャンパスを散策しながら、いくつかの学部を訪ねて、以前から興味を持っていた研究に携わる可能性を調べることができればいいかな、などと考えたりしました。そしてハーバード大学に行き、ある学部では学部長にも会うことができました。そして学部長がスペイン語のできる研究アシスタントを探していることを知ったのです。条件もまた私にピッタリ。学部長が探していたアシスタントは、サンフランシスコ近郊にあるカリフォルニア大学バークレー校の近くに住み、車を持っていて、毎日午前中に仕事をすることができ、移民政策に興味を持っている人でした。もちろん学部長に、私はこの条件をすべて満たしていると説明し、はじめは少し話を聞くだけの予定だったのが、二時間も話し込んでしまいました。そして、なんとその日のうちに仕事をもらうことができました。その仕事は私の好みにぴったり。これ以上ないくらいの幸せでした。私のハーバード大学訪問が一週間早くても、あるいは遅くてもこのチャンスはなかったと思います。

クレアが乗るはずだった飛行機が欠航になってしまったことは、彼女の計画を台無しにする偶然の出来事でした。彼女が一年後に起こることを予測するのは絶対に不可能でした。

しかし、よい結果が起こる過程において、彼女自身が重要な役割を果たしていることに注目してほしいのです。

✣無料の航空券をハーバード大学を訪問するために使った。
✣ハーバード大学で、自分が興味を持っている研究分野の教授を訪ねた。
✣チャンスを見つけたとき、彼女は自分が条件に合っていること、関心を持っていることを教授にアピールした。

クレアは買い物や美術館めぐりに時間を費やすこともできたし、ホテルの部屋でただ眠っていることもできましたが、そうではなく、欠航になった便の航空券を魅力的な仕事のチャンスに変える建設的な行動を取りました。

時として、悲惨な大災害が多くの人の人生に影響を与えます——想定外の方向へと。最悪の状況にあっても、建設的な行動を起こす方法があります。次はエレナがどうやってチャンスをつくりだしたかを見てみましょう。

Elena's Case

異国の地での交通事故
そこでの出会いが新たな道につながった

エレナのケース

私は国際関係の勉強をしていました。将来は報道番組制作の仕事に就きたいと思い、イタリアの大学院に留学しました。私のキャリア目標は、外交問題を担当するプロデューサーの仕事。とにかく一生懸命がんばりました――イタリアでひどい事故に遭い、死にかけるまでは……。

異国の地での事故、そして手術のための入院。不安でいっぱいでした。ところが入院した日に最初に出会った英語を話せる人というのが、ボスニア戦争で負傷したボスニア兵でした。私たちは同い年でした。私にとって人生最悪のときに彼に出会ったのは幸いでした。自分よりもずっとひどい状況にある彼と出会ったことで、私は自分の苦しい状況に流されないで、勇気を持って乗り越えなければならない、そうしないわけにはいかないと強く思いました。その結果でしょうか、私はイタリアにとどまり、大学院を卒業することができました。

退院してから大学院卒業まで、彼とは連絡が取れなかったのですが、三年後に大学院を卒業した後、ボランティアをしていたアメリカ赤十字を通して彼の住所を知ることができました。そして彼と彼の家族のための資金援助活動を始め、数千ドルの援助を彼に送ることができました。
彼の居場所を知ることができたのがきっかけか、あるいはお金を送ったことがきっかけかわからないのですが、私は自分が本当にやりたいことは難民援助であると気づいたのです。それからいろいろ考えた結果、自分が好きなこと（映像を撮ること）を好きな目的（難民支援）のためにもっと有効に活かす方法は、非営利組織でボランティア活動を行い、その組織の理念に沿ったプロモーションビデオを制作することだと思うようになったのです。それを実行に移すため、私はその分野の支援団体の活動に参加し、コソボ難民のための資金集めを企画するようになりました。また映像の勉強のために講座を受講し、独立系映画制作者とも交流しています。

エレナは、自分の人生と重傷を負ったボスニア兵の人生を比べ、自分には感謝すべきことがたくさんあることに気づき、その経験を自分の行動につなげることができました。

✣彼女は大学院を卒業した。
✣赤十字を通じて、ボスニア兵の消息を追った。
✣彼のために資金援助活動を始めた。
✣難民支援の非営利組織でボランティアをした。

✣非営利組織のためのプロモーションビデオをつくった。
✣映像制作の勉強をした。
✣独立系映画制作者と交流した。

場所や職業を変えることにオープンでいよう

同じ場所、同じ業界に居続けなくてはならないと思い込み、満足していない仕事に行き詰まりを感じる人もいます。人間関係を構築する能力やコミュニケーション能力はほとんどすべての仕事において必要なものです。その他の専門的なスキルは、実際に仕事をしながら身につけていけばよいのです。それまでの経験がそこにあるからといって、ひとつの場所や職業に自分自身を縛りつける必要はないのです。ダイアナのケースを見てみましょう。

Dianna's Case

夫の転勤で会社を辞め
その赴任地で新たな仕事に目覚めた
ダイアナのケース

私はエンターテインメント業界で働いていました。それはみんなにうらやましがられるような仕事でした。若くしてどんどん出世したのですが、働きすぎで、二五歳のときにはストレスで身も心も疲れ果ててしまっていました。そんなとき、夫に転勤の話が持ち上がりました。私たちは話し合い、私はエンターテインメントの仕事を辞めて夫の任地に一緒に行くことにしたのです。私は次の仕事が決まっていないにもかかわらず、将来有望だった仕事を辞めてしまいました。新しい土地でもエンターテインメントの仕事を探そうとしましたが、数カ月しても次の仕事は見つかりませんでした。

そんなある日、夫が、彼の会社で新しい担当者を探している仕事の職務要件書を持って帰ってきたのです。夫の会社はＩＴ企業でしたが、職務要件書の内容は教育関係のもので、それは私が持っていたスキルを必要とするような仕事でした。私はＩＴ業界の知識は持っていませんでしたが、仕事の内容は教育カリキュラムの教材の準備（台本を書くことに似ていました）と、新しく入社した社員の教育（役を演じることに似ていました）でした。前の仕事とはまったく異なる仕事でしたが、基本は同じであり、仕事を遂行するうえで必要な新しい知識は今からでも十分に学べるからと、私は会社の人たちを説得したのです。私はその仕事に応募し、幸い雇われることになりました。それは本当にやりがいのある仕事でした。以前の仕事よりもストレスが少なく、今の仕事が大好きです。

ダイアナは、夫の転勤についていくために自分の仕事を辞めました。彼女は、自分にとってあまりうまくいっていなかった業界と同じ業界でまた仕事を探していましたが、その後、彼女はいくつかの重要な行動を取りました。

✣自分とは無関係だった業界の求人に目をつけた。
✣自分が持っている能力を新しい仕事に応用できることに気づいた。
✣必要な知識は、これからいくらでも学ぶことができると会社を説得した。

自分の興味や経験を出会う人々と共有する

あなたのことを少しでも知っている人は、あなたを助けたいと思っているものです。自分の願いや興味、関心、経験を他の人と共有することを恥ずかしがるべきではありません。アリーシャのように、思ってもいないところで貴重な人脈を得ることになるかもしれません。

ルームメートの紹介からチャンスが広がった

アリーシャのケース

Alysha's Case

シカゴに着いて、私はまず、ルームメート募集の広告を見ながら、住む場所を探しました（アメリカでは、知人のいない初めての土地で、家賃に多くを払えない場合、ルームメートを探して共同で部屋を借りる方法がわりと一般的です）。募集広告の中で、これはと思うひとつに連絡を取りました。それはフランス語の先生をしている人のルームメート募集でした。私たちは意気投合し、一緒に住むことにしたのはもちろんのこと、彼女は職を探していた私に仕事の紹介もしてくれたのです。

私がフランス語を専攻していたので、彼女は自分の後任としてフランス語を教えないかと言ってくれました。彼女は、他の専任の先生が担当していたフランス語の授業を夏の間だけ教えることになっていたのですが、仕事の都合で折り合いがつかないので、それを私に担当してほしいという話でした。さっそく学校に行き、責任者の方と面接をし、その授業を担当することになりました。夏が終わり、専任の先生が戻って来ると、今度は彼女が前に教えていた学校で代講の先生を探しているという情報をくれました。もちろんその求人に応募し、正規の講師の方が休むたびに代講教員として、呼ばれるようになりました。専任のポジションではなかったのですが、これもチャンスととらえて、その仕事をやりました。

そのうち、別の学校のフランス語科でポジションに空きがあるという情報が入り、応募しました。私は教員の資格を持っていなかったのですが、それまでの経験を考慮してもらうことができ、これから教員資格を取得するという条件で採用されることになりました。もちろん、仕事と並行して教育資格をきちんと取りました。

アリーシャは自分の経験や希望を他人と共有することを恥ずかしがりませんでした。彼女は堅実な行動を取ってチャンスをつかんでいきました。

✣ルームメート募集広告のひとつに連絡をした。

✣ルームメートからいろいろな話を聞いて、情報収集を行った。

✣求人があることを知り、応募し、面接を受け、仕事に就いた。

✣その仕事が終わったとき、彼女は別のポジションに空きがあることを知って、代講として学校で教えた。

✣彼女は必要な資格がないにもかかわらず、求人に応募した。

✣彼女は先に仕事に就いてから資格を取得した。

Francesca's Case

悪夢のようなレイオフの後与えられたチャンスを活かしてステップアップ

フランチェスカのケース

私は、大学時代からカウンセリングに興味を持っていて、やっと学校カウンセラーの仕事に就くことができました。ところが仕事を始めてから一年たった頃、私にとっては最悪の事態が起こりました。私が勤務する学校の学区が深刻な財政危機に直面し、人員削減を実施することになったのです。私たちの所属する教育組合の協定により、勤続年数の少ない人から順々にレイオフされることになり、とうとう私もレイオフされてしまいました。悪夢でした。私はカウンセラーという仕事が大好きで、生徒たちの役に立ってきたという自負を持っていたので、レイオフという対応に納得がいきませんでした。

私はもっと自分の力を高めるために、八〇キロも離れた州立大学で勉強をすることにしました。カウンセリングをもっと深く専門的に勉強しようと思い、情緒障害児を指導する先生の養成コースに参加しました。この勉強をしている間も昔の教員やカウンセラーの友人たちとのネットワークを維持するよう努力しました。教育委員会で働く友人たちとも連絡を取り、どこかにカウンセリングの仕事がないかを聞いてみたりもしていましたが、答えはいつもノーでした。

ところがある日、教育委員会の友人から、学校を無断欠席する児童を指導する非常勤補導員の仕事が新たにできたので、応募してみないかという知らせがありました。私は補導員ではなくカウンセラーの仕事をしたかったのですが、仕事内容もそんなに離れているわけでもないし、自分には仕事を選ぶ余裕はないと感じていたので、即座にその仕事に応募しました。幸い以前の経験と現在の勉強が評価され、仕事をもらうことができました。

仕事自体はハーフタイムの仕事でしたが、大学に通いながら、実質的にはフルタイムと同じだけ働き続けました。

その年の四月、本来なら非番のはずの午後遅くに、常習的に学校を無断欠席していたラファエルという児童のことで、彼が通っている小学校の校長先生を訪ねました。校長先生と話をしているうちに、その小学校では新しくカウンセラーを雇うことが決まり、これから募集を出すという話が出てきました。もちろん私はその話に飛びつきました。私のカウンセラーとしての経験は高校でのものでしたが、これは自分がずっと待っていて、求めていたチャンスだと思ったのです。私はそのポジションに応募し、幸いなことに採用されました。その仕事は今までの仕事のなかで最も充実感のあるものでした。でも、その仕事を手に入れることができたのは、すべて幸運な偶然の結果だったと思います。あの日、ラファエルがまた学校をさぼっていなかったら、そして、非番なのにあえて小学校の校長先生に会いにいかなかったら、私がこの仕事にめぐりあうチャンスはなかったと思います。

これは本当に幸運だっただけの話でしょうか。高校でのカウンセラーの仕事からレイオフされた後にフランチェスカが取った行動を振り返ってみましょう。

✣情緒障害児を指導する先生になるためのトレーニングプログラムを受講した。
✣仕事の情報を持っていそうな友人と定期的に連絡を取っていた。
✣好きな仕事ではなかったが、非常勤の補導員としての仕事に就いた。
✣非常勤の職だったにもかかわらず、フルタイムの人と同じくらい働いた。

✣非番のときに、不登校の児童のことをフォローした。
✣校長先生との会話を、不登校児童のこと以外の話題に発展させた。
✣彼女は、未公開の求人情報に強い興味を示して、その仕事を手に入れた。

フランチェスカは、幸運な結果だったと言っていますが、彼女一貫性のある行動と一生懸命さこそが、彼女を希望の仕事へと導いたのです。

想定外の出来事がさらなる想定外の出来事を呼ぶ

フランチェスカの話は、よい結果が訪れる前には、いくつもの想定外の出来事が組み合わさって起きるということを示しています。フランチェスカは、自分がレイオフされることを予想していなかったし、補導員になることも、ラファエルが学校をさぼることも、新しい仕事を見つけることも、彼女が計画したことではありませんでした。

あなたにとっても、他の人にとっても、ひとつの出来事が複数の結果につながります。ひとつの出来事が、それに続く出来事の舞台をつくります。計画外の出来事の連続がいかにその人のキャリアに影響を与えるか、だれも予測することはできません。ジョンの話は、お互いに関係しているけれども、予想不可能な出来事の果てしない連続がもたらす影響を表しています。

テニスに夢中で退学の危機
心理学教授のコーチの助言から学者の道へ

ジョンのケース
John's Case

私はアメリカ中西部の小さな町で育ちました。近所に住んでいた幼なじみのアランとは特に仲良しでした。私たちは同じ幼稚園に通い、毎日一緒に遊んでいたのですが、ある日アランは転校してしまい、連絡が途絶えてしまいました。

ところが数年後、私が自転車で近所を探検していると、偶然にも自宅の庭でひとりで遊んでいたアランに出くわしました。私たちは再び遊び仲間となり、いろいろなスポーツを一緒に楽しみながら育ちました。私たちのお気に入りはアランの家の地下室でする卓球でした。一二歳になった頃、卓球は卒業して、テニスをするようになりました。アランのお姉さんが誕生日にもらった新しいテニスラケットを借りて始めたのですが、私たちは独学でテニスを覚え、それぞれの高校のテニスチームで代表選手になるほどの腕前になりました。時々対抗戦で対戦することもありました。

私は大学でもテニスチームに入りました。ある日、コーチのウォーラー先生と五人の選手とで遠征試合に行くことになりました。土曜の早朝、一台の車で大学を出発し、試合をこなし、夕食にステーキを食べ、楽しい時間を過ごしました。たちまち私はコーチのウォーラー先生と親しくなり、テニスざんまいの日々を送るようにました。

大学二年の終わりが近づき、私は教養課程から専攻分野を決めなければいけない時期となりました。大学から専攻分野を申請するための書類が届いたのですが、私は何を選んだらいいかわからず、そのままにしておきました。一カ月後、また専攻分野を決めるようにという通知がきたのですが、心にはひっかかったものの、今度もそのままにしてしまいました。どうやって専攻を決めればいいのか、テニスに夢中だった私にはわからなかったのです。そしてついに三度目の通知。通知書には、五月二六日午後五時までに専攻を申請しないと退学処分に処する、とありました。

「うーむ、こりゃまずい」私はうなりました。でもどうしたらいいかわからない、だれに相談したらいいかもわからない。途方にくれてしまいました。相談できる身近な先生といえば、テニスのウォーラー先生しか思いつきませんでした。本当にぎりぎりの五月二六日午後四時にウォーラー先生のアポをもらって、会いに行ったのです。

これも偶然ですが、ウォーラー先生はテニスのコーチであると同時に、心理学の教授でもありました。地方の小さな大学では専任のテニスコーチを雇う余裕はなかったからです。ウォーラー先生に会いに行き、単刀直入に自分の窮状を訴えました。「先生、あと一時間で専攻を決めないと退学になってしまうんです！」。先生の答えはいとも簡単でした。「それは心理学しかないでしょう」。私は先生の部屋を飛び出しながら叫びました。「わかりました。ありがとうございます！」

大学の事務室に向かって走り、なんと締め切り時間の五時に三〇分もの余裕をもって、「心理学」と書き込んだ申請書を提出することができました。これが私の心理学の道の第一歩だったのです。この一連の想定外の出来事がうまくつながり、私は限りなく幸運だったと思っています。心理学の道に偶然足を踏み入れ、心理学者になった私ですが、今ではこれが自分にとっての最高のキャリアだと確信しています。

心理学を専攻するというジョンの意思決定に影響を与えた、複数の想定外の出来事について考えてみましょう。

✣テニスのコーチが心理学の教授である必然性はなかった。彼は経済学者になっていたかもしれないし、化学者や社会学者になっていたかもしれない。この偶然は彼のキャリアに影響を与えただろうか。

✣ウォーラー教授は心理学の教授だったが、ジョンに心理学を勧めなかったかもしれない。彼は

「君は英文学に向いているように見えるね」と言っていたかもしれない。彼の答えがもしそうだったら、ジョンのキャリアに影響を与えていただろうか。

✣もしアランのお姉さんがテニスのラケットではなく、ゴルフのクラブを誕生日にもらっていたとしたらどうだろう。ジョンはテニスではなくゴルフをやるようになっていただろうか。

✣アランの家の地下室に、卓球台ではなく写真の暗室があったらどうだっただろう。そこにあった設備の違いはジョンのキャリアに影響を与えていただろうか。

✣ジョンが自転車に乗って通りかかったときに、アランが庭にいなかったらどうだろう。アラン以外の人に会っていたら、ジョンのキャリアに影響はあっただろうか。

選ばなかった道で何が起きていたかは、だれにも知ることはできませんが、ジョンのキャリアがさまざまな想定外の出来事の影響を大きく受けたと考えることは、間違ってはいないでしょう。これらの出来事が起こることを可能にしたのはジョンの行動です。だとすると、ジョンのキャリアはすべて想定外の出来事の結果でしょうか？　単に幸運だっただけでしょうか？　単なる偶然だったのでしょうか？　ジョンのキャリア形成において、彼自身はどんな役割を果たしたのでしょうか？

ジョンはすべての出来事に対して積極的に参加していました。ジョンが具体的に何をしたかを見てみましょう。


✣ジョンは自転車で探検に出かけた。

✣なじみのある顔を見つけて、立ち止まり、話しかけた。

✣やり方を知らなかったにもかかわらず、卓球をすることに賛成した。

✣やり方を知らなかったにもかかわらず、テニスをすることに賛成した。

✣練習をしてテニスのスキルを高めた。

✣高校でも大学でも、テニスの学校代表チームに参加した。

✣大学の専攻を決めるにあたり、最終的には助けを求めた。

✣彼は与えられたアドバイスに従った。

✣その後、もちろんジョンはほかにも建設的な行動を取ったので、最終的には心理学者（そしてこの本の著者のひとり）になることができた。

自分の人生に合わせて仕事を工夫する

どんな仕事でも、仕事をより楽しくする方法があります。当然のことながら、そのほうが今の仕事を辞めて新しい仕事を見つけるよりも、今の仕事を楽しくするほうが簡単なことなのです。モニークがそのような例のひとりです。

Monique's Case

レイオフの通知を交渉で撤回させ独立できるほどのキャリアを積んだ
モニークのケース

大学院を卒業後、私はすぐには働かずにしばらくはヨーロッパを旅して暮らしていました。四年ほどたち、ようやく定職に就こうと決めたものの、どんな仕事をしたいのか、さっぱり見当もつきませんでした。そんなとき、昔のクラスメートがコンサルタントにならないかと誘ってきました。私はコンサルタントという職業の仕事内容をあまりよく理解していなかったのですが、ほかにこれといった当てもなかったので、友人に勧められるままに紹介されたコンサルティング・ファームに連絡を取り、面接を受けるために会社を訪問しました。面接では次々といろいろな質問をされましたが、時々答えをでっちあげたりもしながら、なんとか切り抜けました。その結果、私は非常勤の契約コンサルタントとして採用されることになりました。本当はフルタイムの仕事に就きたかったのですが、経験もないので仕方がないと思い、承諾しました。

その会社は、仕事のやり方を手取り足取り教えてくれるところではありませんでした。どうしたらよいコンサルタントになれるのか、待っていてもだれも教えてくれませんでした。私はすべてをゼロから自分で考えて、コンサルタントの仕事を覚えていくしかありませんでしたが、なかなか思いどおりにはいきませんでした。試行錯誤を続けながら四カ月が過ぎた頃、私はレイオフの通知を受け取りました。未経験の私を採用しておいて、何ひとつトレーニングもしないでたった四カ月でレイオフだなんて！　私はどうしても納得がいきませんでした。コンサルタントとしてはまだ十分な成果を上げていなくても、私は自分なりの努力で着実に力をつけてきている自信がありました。そこで私は上司と交渉して、レイオフの通知を撤回し、自分をアシスタント業務で採用しなおすようになんとか説得しました。

その後、勝ちとったチャンスをなんとか活かそうと、私はいっそうの努力を重ねました。自分の力を高めるために、どんな仕事でも、積極的に手伝いを買って出ました。あまり仕事熱心とは言えない同僚たちのサポートで昼夜（休日）を問わずに働き続け、徐々に仕事の幅を広げていきました。三年間休みなく働いた後、ついに私は独立してフリーのコンサルタントになりました。

何も知らずにコンサルティング・ファームに入った私が、独立にこぎ着けるなんて！　このありそうにない話から二四年がたち、私は今では全国的にも有名なコンサルタントとして立派に生計を立てています！

モニークはたしかに自分の人生の主導権を握りました。彼女は、自分自身を説得してまったく知らない仕事をやることにしました。仕事のやり方を自分で学び、解雇の通知をくつがえしもしました。そして、独立してコンサルティング・ビジネスを始められるだけの十分な経験を積みました。最初の仕事はモニークに合っていませんでしたが、それを自分に合うように自分の手で変えたのでした。

想定外の出来事を最大限に活用するために、次のことを覚えておいてください。

✣想定外の失望を利用する。
✣場所や職業を変えることに対してオープンマインドでいる。
✣あなたが出会う興味深い人々と、自分の興味や経験を共有する。
✣フラストレーションをチャンスに変える。
✣偶然の出来事は、さらなる偶然の出来事につながることを理解する。

✣自分に合わせて仕事を工夫する。

あなた自身の人生のための簡単な練習問題

さまざまなケースを紹介しましたが、最も効果的に学ぶには、これらの考え方を自分自身の人生に当てはめて考えてみることです。次のワークは、あなたに影響を与えてきた昔の夢や予想外の出来事について考えてもらうためのひとつのきっかけです。想定外の出来事が起き、それに影響されるのは、まったく普通のことであるということを理解してください。また、あなた自身の行動が想定外の出来事を引き起こし、あなた自身の行動がそれらの出来事を自分にプラスになるように役立たせてきたということを理解してください。

自分が何に満足するか、その内容は変化し続けます。幼い頃の夢を必ずしも今実現させていないのと同じように、現在のあなたの計画が、必ずしもあなたをあなたが望むところへと導くとは限りません。想定外の出来事は常に起こります。その中のいくつかは、あなた自身の行動の結果として起きています。そしてその中のいくつかは、あなたのキャリアに大きな影響を与える可能性があるのです。

1・子供の頃になりたいと思っていた職業・やりたいと思っていた仕事を三つ挙げてください。

2・実際にその仕事に就いたことはありますか？
□はい
□いいえ

3・2の答えが「はい」の場合、子供の頃に持っていたその仕事のイメージと現実はどれくらい同じですか？
□ほとんど同じ
□すこし違う
□とても違う

4・あなたが今の仕事（もしくは一番最近の仕事）に就くにあたり、最も影響与えた想定外の出来事は何ですか？

5・その出来事を経験することになったのは、その前にあなたがどんな行動を取ったからですか?

6・その出来事がもたらしたチャンスを活かすために、その後あなたはどんなアクションを取りましたか?

7・あなたは今の生活にどれくらい満足していますか?

□とても満足している

□部分的には満足している

□満足していない

8・今の生活の満足度をさらに高めるために、質問5や6であなたが取った行動をどのように応用できるでしょうか？

あなたはこれまでにいくつもの想定外の出来事を経験してきたはずです。積極的に行動を起こしてそれらを活用したこともあるはずです。あなたはすでに偶然の出来事をつくりだし、それらを活用することができるということを理解し、その知識をどんな状況にも応用する方法を学ぶ準備があなたにはすでに整っています。次章からは、それをどう実践するか、さらなるアイデアや事例を紹介していきます。

第2章

選択肢はいつでもオープンに

「将来はどんな職業に就きたい?」多くの人が一度はこんなふうにたずねられたことがあるでしょう。

でも、やってみたこともないのに、職業を選ぶことを期待されるなんておかしいとは思いませんか。皆さんには、今後一切キャリアの意思決定をしないでほしいのです。

あなた自身も、また、環境も変化している今日、自分の将来を今決めるよりも、積極的にチャンスを模索しながら、オープンマインドでいるほうがずっとよいのです。

私たちは、人々がキャリアについての意思決定をするための支援に多くの時間を費やしてきました。しかし、みなさんには、今後一切キャリアの意思決定をしないでほしいのです。なぜでしょうか？　〝キャリアの意思決定〟とは、ひとつの職業に永遠に関わり続けることを宣言することと解釈することができます。しかし、あなた自身も、あなたを取り巻く環境も常に変化しているときに、ただひとつの道に人生を捧げようとすることはばかげています。私たちはこれまでのやり方の過ちに気づき、今では自分たちを「正しい道に戻った」キャリアカウンセラーだと思っています。

自分の将来を今決めるよりも、積極的にチャンスを模索しながら、オープンマインドでいるほうがずっとよいのです。ひとつの職業にこだわりすぎると視野が狭くなってしまいます。

この章では、キャリアの選択肢を早くに絞り込みすぎてしまうことの危険性について考えます（キャリアについてここで議論することは、当然、人生全体に関する重要な意思決定についても応用でき

Luck Is No Accident

るはずです）。

視野が狭くならないために

「大きくなったら何になりたいの？」たいていの人は、子供の頃にこの質問をされた経験があるでしょう。「大きくなったら大人になる」と答えるませた子供はめったにいないでしょう。

この質問は、トレーニングを受けた大人（エコノミスト、証券のディーラー、気象学者、政治アナリストなど）でさえ、将来を正しく予測することは難しいという現実を無視して、子供が将来を予測できると想定した質問です。毎日たくさんの想定外の出来事や偶発の事態が起こり、将来を正確に予測することは不可能です。

高校生や大学生になると、将来の職業を宣言しなければならないというプレッシャーはさらに増します。分別を持ち、素直に、ひとつの職業に決めてしまうことを拒否する生徒もいます。そうすると、彼らのカウンセラーや先生や両親は大いに失望し、彼らに「優柔不断」、さらに悪く言うと「決断力がない」というレッテルを張ります。やってみたこともないのに職業を決めることを彼らは期待されているのです。

リストラに遭ったり、なんらかの理由で仕事に就いていない大人にとっては、今すぐに将来就きたい職業を明言しなければならないことは、さらに強いプレッシャーとなります。この種のプレッシャーは時として有害だと私たちは考えています。選択肢をつくるためには時間が必要なのです。

時々起こりうることですが、もし、一刻も早く仕事に就く必要があるのであれば、好き嫌いにかかわらず、最初に見つけた仕事に就いてから、ほかの選択肢を探し続けるのもよいでしょう。

オープンマインドでいることでプレッシャーに対応する

「大人になったら何になりたい？」と最初に聞かれたとき、あなたはおそらく、とにかく何か答えなくてはならないと感じたことでしょう。消防士になりたいとか、ロック歌手になりたいとか、そのような答え方をしたでしょうか。もしあなたが「わからない」とか「まだ子供なのに、どうやって将来を予測しろというの？」などと答えていたとしたら、すぐにそれが（本当は最も分別ある答えだとしても）不適切な答えであることに気づいたことでしょう。周囲の人たちは、あなたのことをおかしいと思ったかもしれません。あなたがはっきりと答えなかったことは、性格上の重大な問題だったのでしょうか。あなたは「頼りない」と思われたのでしょうか、それとも、最悪なことに「決断力がない」と思われたのでしょうか。

伝統的なキャリアカウンセリングは、多くの場合、あなたの優柔不断さを「治療」し、明確なキャリアの目標を設定する手助けをするためのものでした。

私たちは、常にオープンマインドでありながら、暫定的なキャリア目標を持つことには反対しませんが、人々がひとつの職業にこだわりすぎて視野が狭くなり、他の選択肢が見えなくなって不幸になる人たちを見たくありません。

将来の目標にこだわる必要はない

キャリアの選択がどのように行われるかについて考えてみましょう。

やってみたこともないのに、職業を選ぶことを期待されるなんて、おかしいと思ったことはありませんか？

しかも、一生それにこだわり続けなくてはならないなんて！

これではまるで、デートをしたこともないのに、将来の伴侶を選べと言っているようなものです。

しかし、私たちが生きている社会では、若者は自分が将来就きたい職業を明確に述べられるようになるべきで、それは早ければ早いほどよいという考え方が一般的です。

一時しのぎで口にした職業の名前に縛られる

とりあえず何かひとつ職業の名前を挙げておけば、周囲の人たちはあなたをそっとしておいてくれるでしょう（一時的にではありますが）。

あなたがもし将来就きたい職業は何かと尋ねられて、答えることを拒否するのは不適切だとわかっているならば、とりあえず何でもいいから職業の名前をひとつ言っておくのが一番簡単な逃げ方です。実際、特に気のきいた人なら、〝医者〟とか〝弁護士〟とか、より名声が高いとされる職業の名前を挙げることによって、点数を稼ぐかもしれません。名声の高い職業の名前を挙げるという作戦は、たしかにうるさい質問から逃げるのには役に立つし、高い志に対して褒め言葉をもらえるかもしれません。野心はなくても、稼げる点数は稼いでおいてもいいでしょう。

特定の職業の名前を挙げることで一時的にはプレッシャーから解放されるとしても、いずれは何らかの行動を起こさなくてはならないという問題があります。もしあなたが「弁護士」と答えたのであれば、周囲はあなたが法学部を受験することを期待するし、あなた自身も、もともとは周囲の人たちからの質問をかわすためだけの答えだったにもかかわらず、そうするものだと思いこんでしまう可能性があります。

人生のある一時期に行った選択が、もはや適切なものではなくなったと気づく人は少なくありませんが、その状況に罪悪感を感じる必要はまったくありません。人生の早い時期に行ったひとつの選択に縛られる必要はないのです。あなたにはたくさんの選択肢があるのですから。

非現実的な期待から自分自身を解放する

私たちがどうして〝キャリアプラン〟について今のような考えに至ったのか、あなたは興味を持っているかもしれません。私たちは、自分たち自身の経験から、キャリア開発とはいかに想定外のチャンスをつくりだし、いかにそれらを活用するかの問題だということに気がついたのです。

そして、ある調査の結果、一八歳のときに考えていた職業に就いているという人は、全体の約二％にしかすぎないことがわかりました。〝将来の職業を決める〟という目標は無駄だと思うようになりました。だれにとってもキャリアの目標とは何千もの予期せぬ出来事の影響を受けるものです。

少し私たち自身の過去の話をしてみましょう。私たちは、予測不可能な未来を計画する必要はないと気づいたことで、解放されたと感じています。そして、あなたにも解放されたと感じてほしいと思っています。

John's Case

将来の夢はプロ野球選手だったがたった一球で人生の目標を変えた

ジョンのケース

子供の頃の私は、将来はプロ野球の選手になると心に決めていました。よく父親と一緒に地元の野球チームのシーダーラピッズ・レイダーズの試合を観に行ったものでした。私はチームのひとりひとりの成績を完璧に記憶してしまうくらい熱烈な野球少年でした。自分自身も少年野球チームに入っていて、守りもうまかったし、よくヒットも打っていて、かなりうまいと自負していました。

そして一三歳のある日、私のキャリアプランが大きく変わる出来事が起きたのです。私たちのチームは、〝レフティ〟と呼ばれる、背が高くてひょろっとした一六歳のすごいピッチャーがいるチームと試合をしました（数年後、このレフティはクリーブランド・インディアンズのピッチャーになったと聞きました)。

その日、レフティを相手に、私のチームはだれひとりとして塁に出ることができませんでした。そしていよいよ私の打順がやってきました。私はヒットを打つ自信がありました。ピッチャーに威圧感を与えるために、自分のバットを振り回しながら、自信たっぷりに打席に向かいました。バッターボックスで構え、最初の球を待ちました。レフティは腕を振り上げ、第一球を投げました。すると、時速一四〇キロの剛速球が私の頭を目がけて飛んできたのです! 私はボールを避けようとして地面に飛び込みました。しかし、ボールはホームベースの真上でカーブし、ストライクになったのでした。

その瞬間に、プロ野球選手になるという私のキャリアプランは変更されました。あのボールがベースの上でカーブするなんて、いったいどうやって見抜けというのでしょう。もしあれがストレートで私の頭を直撃していたら、私は死んでいたかもしれません。ボールが曲がるか曲がらないかに自分の命を賭けるなんて……自分には無理だ! と思いました。野球選手のほかに自分が何をしたいのかはまったくわかりませんでしたが、とにかくプロ野球選手にはならないことにしました。

その運命の日から数年たってから、私は自分の思考プロセスを振り返ってみました。

✣自分はかなりいい線をいく野球選手だと自信を持っていた。
✣野球をしてお金をもらえるとしたら、それは楽しいことだと思っていた。
✣私はたったひとつの投球に自分のキャリアプランを変えることを許してしまった。
✣もしかしたらカーブと直球の見分け方を学ぶことができたかもしれない。
✣だが、見分け方を学ぶ間に死んでしまっていたかもしれない。

「今にして思えば……」ジョンはこうまとめます。「私は夢をあきらめてよかったと思っているよ。私はプロ野球選手になれる器ではなかった。もし一三歳で野球選手としての自分の至らなさを学んでいなかったとしても、遅かれ早かれ、別の方法で気づかされていただろう」（第1章に出てきたように、その後すぐにジョンはテニスと出会い、それが彼のキャリアと人生に大きな影響を与えたのでした）。

この経験は、小さな学びの体験がいかにキャリアや人生の計画に大きな影響を与えうるか、そして予想外の出来事のもとでいかに簡単に計画が変更されうるかを表しています。

Al's Case

仕事を転々としたあげく相談に行ったキャリアカウンセラーを職業に

アルのケース

「大きくなったら何になりたい？」という例の質問に対する私の最初の答えは、「ルイジアナ大学でアメフトのスター選手！」でした。テレビで大学のアメフト選手権を見て、ルイジアナ大学のユニフォームがカッコいいと思ったからです。ところがいつの間にか、弁護士になろうと思うようになっていました。おそらく、弁護士は社会的な地位も高く、安定したキャリアだと両親が私に教え込んだのでしょう。私も自分は弁護士になるのだろうと思っていましたが、結局、アメフト選手にも弁護士にもなりませんでした。

高校までは最初の答えどおり、アメフトをやっていました。練習が厳しく、またクラブの雰囲気は管理的で、私はアメフトが嫌いになりました。一方でロースクールの適性試験を受けましたが、これがまたひどい点数でした。今考えるとばかげたことに、当時の私は弁護士がどんな仕事をする職業か、まったくわかっていませんでした。

そうこうして大学を卒業した後、私は仕事を転々と――コピー機修理（会社が仕事用の車を用意してくれるというので）、代講教師（腕にパンチをくらったり、オレンジを投げつけられたり、さんざんな目に)、電話帳配達(曲がりくねった道を運転して、一軒ずつ配達するのにはこりごり)――しました。

そろそろだれかの手を借りなくては自分でキャリアプランを整理できないと思い、二〇代も後半になって出身大学のキャリアセンターに行きました。そのときのことは、今でもよく覚えています。カウンセラーは私の履歴書を一瞥して、〝就職できそうな企業のリスト〟を私に手渡し、『卒業生へのサービスはこんなもんでいいでしょ』とばかりに私を部屋から送り出したのです。このキャリアカウンセラーとの出会いこそが、私の人生を変えました。なぜかって? ちょっと会話をして、一枚のリストを手渡すだけでまともな生計を立てられる仕事、キャリアカウンセラーという職業がこの世にあるということを知ってしまったのですから!

まじめな話、このひどい経験があったからこそ私は自分がキャリアカウンセラーになったのだと思います。自分が受けた教育も、自分自身も、まったく意味のない失敗作なのだろうかと悩む若者が、ちょっとの助けを必要としているときに、私が会ったキャリアカウンセラーがしてくれたことはほとんどゼロに近かったのです。自分ならもうすこしマシなやり方ができる、と思ったのです。

その後、私は大学院に入学し、キャリアに悩む人々を支援することに自分を捧げました。現在、州立大学の教員として、私はキャリアカウンセラーの教育に取り組んでいます。私が受けたあの

〝アドバイス〟よりももっとよいアドバイスができるカウンセラーを育てるために。

高校を卒業したばかりのある賢い若者の言葉を借りると、将来の計画を立てるときには、〝鉛筆で書いて、消しゴムを手元に用意しておいたほうがいい〟ということです。

難しい質問に前向きに答える

これまでの話からわかるように、私たちのキャリアは、最初の計画とはかなり違ったものになりました。将来の職業の目標を決めなくてはならないというプレッシャーに負けそうになったときのために、質問の具体例を考えてみましょう。

〝やると言ったことを本当にやらないといけないのでしょうか？〟

その必要はありません。しかし、周りの人からいろいろなプレッシャーを受けるかもしれません。

子供のときに、褒められたいからという理由で、たとえば医者になりたいと宣言したとすると、あなたの両親は、誕生日に実験キットをプレゼントしてくれたり、学校では科学クラブに入るように勧めたりするかもしれません。彼らの行動は善意であり、役に立つものかもしれませんが、あなたのもともとの宣言がそもそも逃げであり、もはやあなた自身にとっては何の意味もないかもしれない場合にも、彼らはあなたがその方向に進むことを期待して、プレッシャーを与える可能性があります。

本当の問題は、あなたが強いられていると感じるときに起こります。ある朝あなたは目覚め、そしていずれはそれなりの行動を起こさなくてはならないことに気づくのです――仕事に就くか、軍隊に入るか、大学に行くか。もし大学に行くとしたら、さらにその先の行動も必要になります。たしかに、将来の職業を決めることである種の保証が生まれます。それに沿った学科や教育プログラムに周りの人たちがあなたを導いてくれるでしょう（あなたのもともとの選択が、逃げだとしても）。でも、注意していないと、周りの人たちは、あなたが学校を卒業して、教育を受けた分野の職業に就くことを当然のように期待しています。

〝自分が教育を受けている分野が好きでない場合には？〟

ほかのことをやればよいのです。でも、あなたはこう考えていることでしょう。「たくさんの時間とお金とエネルギーを投資してきて、やっぱり好きじゃないなんて！　なんて恩知らずでムダなこと！」。あなた（や周囲の人たち）は、この状況をみっともないと思ったり、後ろめたいと思ったりして、好きではなくてもその仕事を続けなくてはいけないという義務感を感じるかもしれません。

でも、嫌いな仕事を続けるのはばかげています。あなたには未来があります。なぜ、何年も前に決めたことで残りの人生を苦しみ続けなくてはいけないのでしょうか。変わる方法を学べばよいのです。この本は、まさにそのために書かれたものです。

〝でも、将来の計画を立てるのはよいことでは？〟

もし計画にとらわれていると感じるなら、よいことではありません。あなたは人生の目標を持ち、それを実現するために計画を立てるべきだと信じているかもしれません。私たちは、計画を立てることが正しいことだとずっと教えられてきました。でも、私たちはそうは思いません。計画を立てること自体には反対しませんが、意にそわないことが明らかになった計画に固執することに、私たちは反対なのです。

〝偶然の出来事に頼るべきなのでしょうか？〟

想定外の出来事がもたらすものをキャリアに活かすことはできますが、それはコントロールを失うということではありません。むしろ、役に立つ偶然の出来事をつくりだし、そこから生まれるチャンスを活かす術を学ぶのです。偶然性に頼ることを恥じる必要はありません。偶然の出来事はあなたが思いもしなかったチャンスをもたらします。どの人のキャリアも偶然の出来事の影響を受けているのです。この本は、偶然のチャンスをつくりだし、活かすためのもので、これからその事例を紹介していきます。

〝苦痛の終身刑〟を拒もう

人生のある時期に選んだ選択肢が、ある時点でもはや意味を持たなくなっていることに多くの人が気づきますが、このような状況に後ろめたさを感じる必要はだれにもありません。

若い頃のキャリアの選択のせいで、〝苦痛の終身刑〟を務める必要はありません。この本は、あなたが数々の選択肢を模索して行動を起こし、より満足のいく人生をつくる手助けとなるように構成されています。

この章では、選択肢は常にオープンにしておくべきであること、そして次のようなことを主張しました。

- 極端に視野が狭くならないようにすること
- プレッシャーに対してはオープンマインドで対応すること
- 非現実的な期待から自分自身を解放すること
- 難しい質問には前向きに答えること
- 〝苦痛の終身刑〟を拒むこと

選択肢をオープンにしておくための練習問題

道をひとつに決めないという考え方は、最初は不安に感じるかもしれません。しかし、これまでに見てきたように、どうせ人生はそういうふうにはできていないのです。ですから、選択肢を常にオープンにしておくことで、〝現実の世界〟に対する心構えをつくりましょう。次の質問を読んで、この自己探索のワークが、さまざまな可能性に対してよりオープンになる助けになるかどうか考えてみてください。

1・キャリアの目標を決めなくてはいけないというプレッシャーを感じたことはありますか？

□はい
□いいえ

2・1の答えが「はい」の場合、どのような目標を選ぶべきだと感じましたか？

3・そのプレッシャーに、どのように対応しましたか？

□a．周囲の人が満足するような職業の名前を答えた。
□b．自分が満足するような職業の名前を答えた。
□c．職業の名前を挙げることを拒否した。

□d. その他（具体的に：　　　　　　　　　　　）

4・将来の計画を語るように言われたら、どのような反応をしますか？
□a. まだ答える準備ができていない、と言う。
□b. よい答えを見つけるための、今後のアクションを説明する。
□c. 最初に思いついた分野の名前を答える。
□d. 彼らが期待している職業を言う。
□e. 将来の計画は立てない、と言う。
□f. その他（具体的に：　　　　　　　　　　　）

5・あなたが今はもう好きではない職業のために何年もトレーニングを積んできたとして、あなたはあえて他の可能性を模索する（キャリアチェンジをする）ことができますか？

6・新しいキャリアを切り開くためには、どのようなステップが必要ですか？

7・あなたの妨げになっていることは何ですか？

あなたはおそらく、家族や友人、先生、カウンセラーなど、いろいろな人から、将来のことについて山ほどアドバイスを受けてきたことでしょう。この本は、世の中にある一般的な考え方を検証し、どんな考え方があなたに影響を与えてきたかを振り返るよい機会になるでしょう。私たちの主張は、一般的に受け入れられている考え方とは大きく違っています。私たちは、あなた自身の思い込みをじっくりと考えてほしいと思っています。この本で紹介する考え方のうち、どれを聞いたことがありますか？　あなたは、自分の人生における偶然の出来事を最大限に活かす準備ができていますか？　選択肢を常にオープンにしておく勇気がありますか？　さあ、ページをめくって読み進めてください。

第3章

目を覚ませ！夢が現実になる前に

将来の夢を描くことはすばらしいことです。夢見ることを大いに楽しみ、実現するように努力してください。

でも、もし夢が計画どおりに実現しなかったとしても、がっかりしないでください。よくも悪くもあなたの人生には予測不可能なことのほうが多いのです。

「夢は消えてしまった」と考えるのではなく、「状況が変わった。さらに自分にとってよいチャンスを探すにはどうしたらいいだろう！」と考えましょう。

夢は、将来のキャリアの目標をつくるのに役に立ちます。あなたもおそらく「こうなりたい」というキャリアの夢を持っていることでしょう。ロックスターになりたいかもしれないし、アメリカの大統領になりたいかもしれない。科学者になってガンの治療方法を発見したいと思っているかもしれません。夢があなたを元気づけ、新しい活動への挑戦を助けるのであれば、がんばって夢を見続け、そして実現するための行動を起こしてください。

キャリアは夢や情熱に基づいていなければならないと考える人もいます。ひとたびその情熱が見出されれば、あとは自然にものごとが運ぶと彼らは信じています。この考え方が人々の心をとらえる理由のひとつは、おそらく、私たちの夢に対する信念が、文化的、歴史的、文学的な神話に深く根ざしているからでしょう。

夢を実現するために努力することは、私たちの文化的な遺産の一部でしょう。幸福の追求は奪うことのできない権利であると独立宣言は主張し、「アメリカンドリームを生きよ」と言われます。しかし、その「ドリーム」の内容はいつもあいまいです――たいていは、一流の仕事に就き、郊外に家を持ち、幸せな結婚をして、二人の子供を持つことを意味しているのですが――。

私たちはみんな、夢はかなうと信じ、ハッピーエンドのラブストーリーを読むことを好みます。でも、もしハッピーエンドでなかったら？　もし夢が悪夢に転じたら？　私たちの多くは、自分たちの夢は実現すると無邪気に信じています。もしそうでなかったら、精神的に崩壊してしまうかもしれません。もし、あなたが憧がれ続けてきた大学に願書を出したのに、合格しなかったら？　もし、夢の職業に就いたのに、上司が鬼みたいな人物だったら？　もし、理想の家を建てたのに、隣人がくだらない人たちだったら？　あなたはどんなふうにその状況に対応するでしょうか。夢が崩れたときにどう対応すべきか、私たちは教わりません。

この章の目的は、あなたに現実の世界と向き合う準備をしてもらうことです。夢はすばらしい。ぜひ、夢見ることを大いに楽しみ、夢が実現するように努力してください。しかし、夢が計画どおりに実現しなくても、驚かないでください。予測不可能な出来事があなたの人生を変えてしまうかもしれない――よくも悪くも。夢から醒めたことが最もよい出来事だったと気づいた人もいます。私たちは決してあなたが夢を追求することを妨げはしませんが、その道中では、よく目を開き耳をすませておくことをお勧めします。チャンスがやってきたときにそれをつかむ準備ができていれば、想定外の出来事があなたをさらによい結果へと導く可能性があります。

夢が破れたときはほかの道へ進もう

夢と現実が一致するとは限りません。不幸なことですが、それは事実です。その事実にどう対応すればよいでしょうか？　ここにひとつの現実的な方法があります。夢を実際に試してみましょう。やってみて、どうなるか様子を見ましょう。ベストを尽くして、結果を評価しましょう。思いどおりにものごとが運ばなくても、必ず何らかの貴重な学びがあるはずです。いくつかの事例を見てみましょう。

シトラの経験は、夢は必ずしも思い描いたとおりにはならなくても、その過程で学んだ別の選択肢がより満足のいくチャンスへとつながることを示しています。

Chitra's Case

夢の仕事は打ち砕かれた。しかし、立ち直るプロセスで新たな道が見つかった

シトラのケース

学生時代の専攻は英文学でしたが、類人猿のコミュニケーションに関する授業がきっかけで、類人猿の手話の研究をすることが私の夢となり、これこそが私の情熱を注ぐ対象だと考えるよう

になりました。現実には、類人猿の手話を研究する仕事の機会は非常に限られており、その仕事に就くことは狭き門であることはわかっていましたが、私は霊長類に関する講義を受講し、すべての科目でAを取り、その狭き門を突破する勢いと勇気と度胸を持っていたのです。そして夢は現実となり、私は手話を使うゴリラの研究をする仕事を得ました。

しかし、その仕事に就いてみてわかったことは、社会から隔離された環境で、人々は仕事の本質とは関係のない権力争いにとらわれ、実際の研究活動は乏しいという現実でした。私はまもなく〝夢の仕事〟を辞めました。

〝夢の仕事〟は打ち砕かれましたが、幸せに生きるという夢がまだ私には残っていました。先生の仕事や、病院の仕事や非営利組織（NPO）の仕事など、いろいろな仕事にチャレンジしました。でも、どれも自分に合っていない気がして、どうしたものか途方にくれてしまいました。

私は何人かのキャリアカウンセラーに会い、これまで私がたどってきた道を話し、また〝自分に合わない〟仕事を選んでしまうという間違いを犯すのではないかという不安について話しました。あるひとりのカウンセラーが、私の考え方を根本的にくつがえすことを言いました。「シトラ、人は間違いを犯すべきかもしれないね。間違えることは全然問題ないことだし、むしろよいことだと考えたらどうかな。そうしないと私たちは学べないのだから」彼はあっさりと言ったのです。

彼のひと言は、〝また間違えたらどうしよう〟という不安から私を解放しました。次に取る私の行動は、間違いかもしれないし、そうではないかもしれない。だからどうだというのでしょう。その行動のプロセスで私はきっと何かを学ぶだろうし、経験を冒険としてとらえてみよう、そう思えるようになりました。このカウンセリングの直後、私はカウンセリング心理学を学ぼうと思い、大学院の願書を出しました。そして私は合格し、大学に通いながらパートタイムの仕事もして、二年間で三つのインターンシップを経験しました。私がこの経験から発見したことは、人と話し、情熱について語ることに楽しみを見出している自分でした。

今、私はキャリアカウンセラーとして、生活保護を受けている母子家庭の母親たちの就職支援をしています。日々、彼女たちの話に心を動かされながら、新しい支援のあり方を研究しています。今、自分の人生が意味ある、充実したものだと感じていますし、同時にさらなる成長の機会を与えられているとも感じています。次は博士課程にも進みたいと考えていますが、それが〝間違いかもしれない〟とは、もうまったく気にしていない自分がいます。

シトラは、自分にとって完璧な夢の仕事というものが存在していて、それを見つけさえすればよいという考え方からスタートしています。完璧な仕事など存在しないのだから、このような考え方は危険です。どんな仕事にも、心がウキウキするようなときもあれば、退屈で辛いときもあるのです。

シトラが彼女のキャリアづくりのために取った行動を見てみましょう。


✣類人猿の手話研究の仕事に就くために、必要な授業をすべて履修した。

✣彼女は〝夢の仕事〟に応募し、それを手に入れた。

✣夢の仕事がむしろ悪夢の仕事だとわかったとき、彼女はその仕事を辞めた。

✣他の仕事をいくつか試したが、どれにも満足しなかった。

✣彼女はまた間違いを犯してしまうことを恐れる気持ちをキャリアカウンセラーに話した。

✣そのカウンセラーが彼女に間違いを犯すことを〝許した〟とき、彼女は大学院に願書を出した。

✣彼女は大学院での経験をよいものにするために、一生懸命努力した。

✣彼女は、より満足度の高い仕事に携わることができる職業を見つけた。

✣彼女は博士課程に進むための準備をしている。


シトラはもはや、「キャリアの間違いを犯すかもしれないという不安に悩むことはなくなった」と言っています。

決めるのは簡単だが、実現することは難しい

ニッキーの話は、ハッピーエンドな話ではありません。彼女が夢の仕事を追求した経緯は次のとおりです。

Nikki's Case

新聞記者の仕事を辞め医者を目指すしかし、現実は厳しかった

ニッキーのケース

私は大学で英文学とジャーナリズムを専攻し、その専攻を活かして、新聞記者になりました。記者という仕事はやりがいもありましたし、努力したかいもあって順調に昇進し、数年後には編集長になりました。キャリアとしては充実しているように見えたし、周りの人たちは私の能力を高く評価してくれていましたが、私自身は、自分の人生には何か欠けているものがあるような気がしてなりませんでした。

あるとき、この欠けている何かを明らかにするべく、キャリアカウンセリングに行くことにしました。そこで私がカウンセラーにたずねられたことは、〝夢の仕事〟は何ですか、という質問

でした。私にとっての〝夢の仕事〟は記者だったのかと言われると、違うような気がしました。そしていろいろと考えたあげく、私の夢の仕事とは、小さい頃からずっと憧れてきた職業、つまり医者である、ということに気がついたのです！　私はそのことをキャリアカウンセラーに打ち明けました。するとカウンセラーはこう言いました。「それがあなたの〝夢〟ならば、思い切ってがんばってみてはどう？」。その言葉を聞いて、私は目の前の霧が一気に晴れたような気分になりました。そうだ、自分の夢を実現させよう！　私は、それまでの新聞記者のキャリアを捨て、医者を目指す決心をしたのです。

大きな決断ができたこと自体がとてもうれしくて、なかば舞い上がったような心地で、私は自分の決意と情熱を周りの人たちに語りました。そしてすぐに医学部に入るための準備に取りかかりました。医学部に入るためには、生物や化学など、履修しておかなくてはいけない必修科目がいくつもあり、さっそくそれらの授業を受講し始めました。ところが、授業が始まってすぐに私は苦境に立たされました。想像以上に授業の内容が難しかったのです。物理や数学の必修科目が、あそこまで大変なものだとは思ってもいませんでした。私なりに努力をしたつもりですが、結局、単位を取ることはできませんでした。医者になるという夢の実現に向けて一歩踏み出したつもりでしたが、医学部への願書を出すことすらできなかった自分が本当に情けなく、完全に自信を失ってしまいました。

医者を目指すことを周囲に宣言してしまっていた私は居たたまれなくなり、引っ越すことにしました。引っ越し先では結局、編集の仕事に戻ることにしました。今はベンチャー企業のホームページ制作の仕事をしていますが、いまだに自分の失敗から立ち直ることができていません。

ニッキーが自分の夢を追求しようとしたことは、責められるべきことではありません。彼女のカウンセラーはゴーサインを出しましたが、本当はよく考えるべきさまざまな要素がありました。カウンセラーは次のようなアドバイスをするべきだったかもしれません。

「ニッキー、プールの深いところに飛び込む前に、まずは足の親指を水につけてみてはどうだろう？　医学部に入るために、どんな科目が必要か調べてみなさい。その中のひとつを夜間のコミュニティカレッジで受講してみて、様子を見てみましょう。それから次のステップを相談しましょう」

医者になると決意することは、実際に医者になるための長いプロセスの中の最初の一歩にすぎません。ニッキーは医者を目指すという自分の決意を誇りに思いましたが、彼女は医学部に入るまでに飛び越えなくてはならない数々のハードルをまったく考えていませんでした。もし彼女が私たちのところに相談に来ていたら、私たちはこんなふうにアドバイスをしていたでしょう。

「ニッキー、現実的に考えよう。医者を目指そうという決意は、ほんの一瞬でだれにでもできることだ。決めること自体は簡単だ。しかし、実現させるのは大変なことなんだ。医者になる決意をしたことを友達に自慢するのはやめておこう。まだ自慢できることは何もない。友達には、キャリアの可能性を模索していて、自分が興味を持っている分野で何が必要かを調べているところだと言っておこう。夜間の学校で授業をひとつ受講していて、次のステップに進む前に、どんな様子か試してみていると言おう」

作家であり、ユーモアのあるラジオのパーソナリティとして有名なギャリソン・キロワーは次のように言っています。「自分が望んでいると思っていたものを手に入れるよりも、すでに自分が持っているものに気づき、実はそれこそが本当は自分が望んでいたものだったということに気づくことが幸せなときもある」

夢を試そう！一歩ずつ

ニッキーの間違いは、先が見えていないのに新しいキャリアに飛び込んでしまったことにありました。せっかちな行動が成功する場合もあるかもしれませんが、私たちは、段階的にステップを進めるほうがよいと考えています。ハーブの話を例として考えてみましょう。

Herb's Case

子供の頃の夢を追いかけて金融マンから歌手へ

ハーブのケース

ハーブは音楽が大好きで、子供の頃から本格的に歌のレッスンを受けていました。もちろん、子供の頃の夢は歌手になること。しかし実際に就職する年齢になると、銀行員だった父親の勧めもあり、証券会社の仕事に就くことを選びました。彼は株のディーラーとしてキャリアを積み、はた目にはかなり成功しているように見えました。

しかし時がたつにつれ、ハーブは金融業界での仕事にそれほど情熱を感じなくなってきました。むしろ、彼が情熱を感じるのは、友人から頼まれて、結婚式やパーティーで歌っているときでした。それに気づいたハーブは、もっと積極的に歌の依頼に応じることにしました。アマチュアながらも、ハーブの歌手としての出番はどんどん増えていきましたが、その時点でハーブは会社を辞めることはまったく考えていませんでした。証券会社に勤めながら、音楽でも多少のお金を稼いでいるという状況が心地よかったのです。

そうこうしているうちに自分のバンドを組み、リードボーカルになり、音楽活動がますます本格化すると、さすがに音楽の道でプロとしてやっていくということを真剣に検討するようになりました。よくよく考えた結果、ハーブはまず三カ月間の休暇を取り、有名なボイス・トレーナーのもとでトレーニングを受けることにしました。プロとしてやっていくからには、これからのことを考えても本格的な訓練が必要だと考えたのです。三カ月の集中レッスンを終えた後、念願かなってシカゴでCDデビューすることになり、ようやく会社を辞めることになりましたが、音楽活動がうまくいかなかった場合のことも考えて、金融業界の友人たちとは常に連絡を取り続けるようにしていました。

しかし、彼の心配とは裏腹にCDはヒットし、ツアーでアメリカ各地を回るようになり、あっというまに大人気のバンドとなっていったのです。

ハーブは金融マンから歌手に飛びついたわけではありません。彼の方向転換は、自分が最も楽しめることの時間を徐々に増やしていくという、時間をかけた段階的な展開でした。彼は自分で逆戻りできない状況をつくってしまうようなことはしませんでした。彼の行動ステップを見てみましょう。

✣子供の頃から歌のレッスンを受けていた。
✣彼の音楽の才能は、家族や友達から認められていた。

✣彼の父親は、ビジネスを優先させ、音楽は趣味にとどめておくことを望んだ。

✣彼は証券会社で働きながらも、音楽活動を続けた。

✣彼は、パートタイムでやってみて、歌でお金を稼げることを確認した。

✣ボイス・トレーニングを受けるために休暇を取った（すぐには会社を辞めなかった）。

✣彼はフルタイムの歌手になり、渡った橋を戻る必要はなくなった。

悪い選択肢には固執しない

明確な職業の目標を持つべきだという家族や学校、社会の要求に負けてしまうことはよくあることです。その選択がうまくいくこともありますが、大きな不幸へとつながることもあります。よくない選択をしてしまったと気づいたときに、それでもそのまま続けなくてはならないと思い込むことは危険です。難しい仕事をやり続けることが最善の行動であることもありますが、仕事そのものが嫌な場合には、変化を起こそうと考えることは理にかなったことです。〝望むものを手にするまでやり通せ〟か、あるいは〝困難にぶつかったらすぐにやめて他のことにチャレンジせよ〟か、明確なルールがあればラクかもしれません。しかし、どちらのルールも筋が通りません。苦しい状況にある人は、このどちらかのルールを適用しようとしている可能性があります。ロレインのケースは、始めたことはやり通さなくてはならないと思い込むことから生まれる不安について説明しています。

Lorraine's Case

ロースクールを退学
挫折の不安を乗り越えてカウンセラーに
ロレインのケース

私の両親が考える「よいキャリア」とは、証券会社に勤めるか、弁護士になることでした。幼い頃からその信念のもとに育てられ、自分なりに考えた結果、証券取引所で数字を叫んだり、手で合図を送り合ったりするよりは、判例を読んだり、調べものをしたりするほうが楽しそうに思えたので、将来は弁護士になろうと決めていました。

そういうわけでロースクールに入学したのですが、授業はどれも無味乾燥なうえに、学生同士の競争があまりにも激しく、最初の一年で私は法律の世界に幻滅してしまいました。それでも、実際の仕事の現場は違うかもしれないと思い直し、小さな法律事務所でのアルバイトをやってみましたが、私の気持ちは変わりませんでした。

一年目を終えた時点ですっかりやる気を失っていましたが、苦労して入学したのに今さらやめるわけにはいかないと思いました。今はつらくても、がんばって大学を卒業する価値はあるはずだと思ったのです。ところで、他の学生たちはいったいどんな考えでロースクールに来ているのだろうか？　彼らの意見を聞いてみたら、自分のやる気もまたよみがえってくるかもしれないと思った私は、周りの人たちに、ロースクールに入ろうと思った理由を聞いてみることにしました。しかし、彼らの答えは、あと二年間がんばるだけのやる気を私によみがえらせるようなものではありませんでした。ほかにやりたいことがなかったから、あるいは、親が喜ぶから、という答えが圧倒的に大多数だったのです。

私は自問自答し、さんざん悩みぬいたあげく、大学を中退することにしましたが、それは簡単なことではありませんでした。まず、最後までやり遂げなかったことに対する激しい自己嫌悪の意識にさいなまれました。おまけに、周囲からは「それで、次はどうするの？」と当然のように質問されました。私は途方にくれ、弁護士になるという小さい頃からの夢も失い、今後自分がどうしたらいいのか、まったく見当もつきませんでした。ロースクールを退学し、弁護士になるというルートからはずれることを選んだ私は、自分の人生をどう生きるかという問いを考え続けなくてはいけません。無理に答えを出そうとするとますます混乱し、不安になりました。二〇代で自分の将来について悩むのは普通だと言ってくれる人もいませんでしたし、ただ悩むよりはいろいろなことにチャレンジしてみるべきだとアドバイスしてくれる人もいませんでした。

将来への不安から逃げたいという気持ちもあり、私はロースクールに入学する以前、友達に誘われてやっていたボランティアの仕事を再開することにしました。家族計画についての教育とカウンセリングを行うボランティアです。その内容に少なからず興味があったし、スタッフとの仲間意識も強く、法律の勉強よりもずっと楽しく思えました。しかし数年が過ぎると、私は何かもっと知的好奇心を満たすものがほしくなりました。大学院でカウンセリングを勉強しようかと思いましたが、ロースクールのときのように、また途中で落ちこぼれるのではないかと思い、ちゅうちょしていました。

私にはそのとき、二つの思い込みがありました。一度、落ちこぼれたということは、また簡単に落ちこぼれてしまう可能性があるのではないか。二度も落ちこぼれたら、自分は大学院の勉強をする資格そのものがないということであり、そうなると仕事でも失敗するのではないか。私はそんな不安を考えて、大学院へ行くことは見送りましたが、一方で現状に対する退屈感は増すばかりでした。

たまらなくなった私はようやく重い腰を上げて、サンフランシスコ州立大学のカウンセリング学科のアドバイザーに会いに行きました。自分の過去の失敗や、今抱えている不安をアドバイザーに相談すると、アドバイザーは、まず聴講生としていくつかの授業を受講してみてはどうかと提案してくれました。それは、また失敗するかもしれないという不安を抱えていた私にとって、本当によいアドバイスでした。そして次の学期から、キャリアカウンセリングの授業と人間の発達に関する授業を聴講することにしました。授業はとても興味深く、私はスポンジが水を吸うように何でも吸収しましたが、それでもまだ、本格的にカウンセリングの勉強に取り組むことについては、踏み込めずにいました。

そんなある日の授業中、大学のキャリアセンターのディレクターが特別講師としてやってきました。私は彼女の模擬キャリアカウンセリングのロールプレイに釘付けになりました。自分がロースクールに行くべきか悩んでいたときに、こんなカウンセリングを受けていたらどんなによかったことか。そうすれば、自分はきっと全然違うキャリアを歩んでいたことだろう。そのロールプレイに感銘を受けた私は、授業の後に特別講師に自己紹介をして、今、私が見たキャリアカウンセリングについてもっと学ぶためにはどうしたらよいかを直接たずねました。そのとき時間があまり取れなかった彼女は、自分のオフィスに一度ヒアリングに来てはどうかと提案してくれました。ヒアリングといってもどうしたらよいかまったくわかりませんでしたが、私はワクワクした気持ちで、キャリアセンターを訪ねることにしました。ディレクターはとても親切で、キャリアカウンセラーの仕事についての初歩的なことから細かいことまで、私が投げかける質問に対して、率直に答えてくれました。最後に、この仕事について学ぶためにはどうしたらよいか、アドバイスを聞くと、ディレクターは、夏休みにキャリアセンターでボランティアとして働いてみてはどうかと提案してくれました。私はそのとき、迷わずやってみたいと思いました。

次の夏休み、私はキャリアセンターの受付の仕事を手伝いながら、キャリアカウンセラーの仕事を観察したり、調べものをしたりしながら過ごしました。夏休みの終わりには、私はこの仕事にすっかり魅了され、大学院のキャリアカウンセリング専攻に進むことに対してようやく決心がつきました。ロースクールをやめた時点では、キャリアカウンセリングの勉強をすることになろうとはまったく予想すらしていなかったことですが、何もかもが新鮮で、ワクワクしていました。大学院を卒業後、私は一年間のインターンシップを経験し、そこで出会った指導者からさらに紹介を受けて、ある大学の非常勤のキャリアコンサルタントの仕事に就きました。六年前、自分が何をやりたいのかまったくわからず、また不安でいっぱいだった私が、キャリアセンターのスタッフのトレーニングをしたり、大学院生のインターンシップの指導をするようになるとは、思ってもみなかったことでした。

ロレインが満足のいく仕事にたどり着くまでのキャリアの紆余曲折のそもそもは、間違った職業選択をしてしまったことにありました。彼女はキャリアの決断をしました——それはおそらくあまり賢くないやり方で、選択肢の幅も広くありませんでした。彼女は、一年間ロースクールに通いました——。結果的にはダメでしたが、よくがんばりました。その後に彼女が起こした行動に注意を向けてみましょう。

✣彼女はクラスメートにロースクールに入った理由を聞いて回った。
✣彼女はロースクールを中退した。
✣家族計画についての教育を行うボランティアでカウンセリングの仕事を得た。
✣大学院のアドバイザーから、アドバイスを受けた。
✣彼女は試しに大学院の授業を受講してみた。
✣彼女は特別講師に自己紹介をした。
✣彼女はヒアリングを行った。
✣夏休みに、キャリアセンターでボランティアとして働いた。
✣一年間のインターンシップを行った。
✣インターンシップの指導者と良好な関係を築いた。
✣キャリアカウンセリングの仕事に応募し、仕事を得た。

彼女は、生涯を費やすべきだと信じていたキャリアの選択から自分を救うために、これらの行動を起こしました。彼女は絶対に最後までやりぬくべきだというルールにそむくことに後ろめたさを感じていました。ほかのことにチャレンジしてもよいし、絶対的なルールなど存在しないのだとだれかに言ってもらう必要がありました。彼女は自分の信念に最初は苦しみましたが、徐々に自分を解放し、より満足のいく人生をつくるための行動を起こしました。

アドバイスには耳を傾け自分で決断する

子供のキャリアを親が決めるという文化もあります。アメリカでも、子供の将来のキャリアに夢を託している親もいます。子供が、それが自分自身の夢ではないのに、その夢に向かって生きるべきだという義務感を感じてしまうと問題です。そうなると不幸の方程式ができあがってしまうのです。

Edward's Case

両親の望むキャリアと成功のイメージに応え続けることができなかった
エドワードのケース

タイとサオルーは、夢と希望を持って台湾からアメリカに移住してきました。若い二人にとってアメリカは希望の国でした。懸命に働き、資金を貯め、それを元手に起業し、自分たちのビジネスを成功させました。やがて息子のエドワードも生まれ、自分たちはこの上なく幸せな人生を送っていると思いました。

タイとサオルーは、息子のエドワードにも自分たちと同じようにアメリカの地で夢を実現させ、成功してほしいと願っていました。エドワードは小さい頃から優秀な少年で、学校の成績もよく、有名大学に進学しました。その頃の流行のキャリアといえばエンジニアリングだったので、タイとサオルーは機会あるごとに、エンジニアリングの道に進むようにと息子のエドワードに勧めていました。

問題はただひとつ、エドワードがエンジニアリングにあまり興味を持っていないことでした。彼は、文学や歴史、心理学など、幅広いことに関心を持っていましたが、エンジニアリングに対してはあまり関心がありませんでした。それでも従順なエドワードは、愛する両親の期待を裏切ってはいけないと考え、さんざん悩んだすえ、両親の勧めどおりにエンジニアリングを専攻することにしました。しかし案の定、授業の内容に興味を持つことができませんでした。生まれて初めて成績が悪くなり、エドワードは学校が嫌いだと思いました。両親は、いつも優秀で将来有望なはずの彼の〝失敗〟にショックを受けました（なんと、彼の家では、A以外の成績はすべて〝失敗〟とみなされていたのです！）。そして、もっと努力するようにとエドワードを諭そうとしました。

幸い、エドワードのケースにはハッピーエンドがあります。彼は、大学のキャリアカウンセラーに相談に行き、カウンセラーのアドバイスを受けて、交渉術を学んだうえで、エンジニアリングよりも他の分野のほうが自分には向いているのだということを両親に説明し、納得してもらうことができたのです。これはなかなか難しいことですが、エドワードの場合はうまくいきました。

親が子供のキャリアに対してどこまで影響力を持つか、その程度は文化によって異なります。アメリカでは普通、親は子供に自分のキャリア観を押しつけないようにする傾向があります。〝何でもやりたいことをやればいい〟と言います。一方で、親が子供の職業選択に影響を与えることが期待されている文化もあります。その判断は、必ずしもその子供のためではなく、家族にとって何がベストかという考え方である可能性があります。個人主義的なアメリカの価値観では、同じ夢を持つとは限らない他人の夢のシナリオを描くことには慎重になるべきだと考えられています。

状況の変化に応じて優先順位を再評価する

はじめのうちは、夢と現実がうまく一致するかもしれません。しかし、経済や自然災害、事故、政治、病気など、状況の変化によって当初の計画がうまくいかなくなることもあります。

思い描いたとおりのキャリアを実現できることもあります。だからといって、かなった夢がいつまでも続くという保証はありません。イザベルのケースは、これを表しています。

Isabel's Case

突然病魔に襲われ人生は自分でコントロールできないことを知った

イザベルのケース

私は高校生の頃から人事関係の仕事に興味を持っていました。高校では、経営体験クラブで人事を担当し、早くも夢の実現への一歩を踏み出していました。当然、大学でも人事を専攻、就職の際も人事の仕事を選び、二五歳のときにはその会社の人事部門のディレクターに、三〇歳ではグローバル企業の人事部長となり、すでに数千万円の収入を得ていました。小さい頃から目指していたキャリアの道を着々と、かつ順調に歩み続けていました。

ところが、三二歳のときに私の人生は急変しました。顔の真ん中に骨腫瘍が見つかったのです。もしガンだとすると、生存の確率は五〇パーセントだと言われました。三五人以上の専門医の診察を受け、一五種類以上の代替療法を試した結果、幸いにして命は取り留めましたが、生涯にわたって顔面神経障害の痛みとつきあわなくてはならなくなりました。痛みを少しでもやわらげるためには、体力的にも精神的にもより負担の少ない仕事を探す必要がありました。つまり、悲しいことでしたが、私は自分の好きな、会社の中での人事の仕事を辞めなくてはなりませんでした。折しも、会社は希望退職者を募っているところでした。私はそれに応募し、会社が用意した再就職斡旋会社のカウンセラーの助けを借りて、自分の人生にとっての優先順位を見直しました。その結果、私は退職した後、人事コンサルタントとして、パートタイムで働いています。

三二歳の私に起きたことは、まるである日突然、人生の舞台からつまみ出されてしまったかのような出来事でした。私は、病気にかかわったことで、人生は自分で予測したり、コントロールしたりできるものではないということを学びました。まさによく言われる格言のとおりです。

「神様を笑わせたいのなら、自分の人生計画を話すといい」

夢は、私たちに、道を追求し、冒険に挑み、力強く勇敢なビジョンの持ち主であり続ける力を与えてくれます。一方で、夢は必ず実現するとは限りません。最初のうちは満足のいく仕事であっても、満足感が永遠に続くとは限りません。自分の興味や優先事項が変わったり、状況が変化したりする可能性があるからです。イザベルのケースが示すように、人生は、私たちの力の及ばないところで変化することもあります。あなたは、それに対応する準備ができているでしょうか。

情熱は行動によってつくられる

よくある幻想として、早い時期に自分の内なる情熱を見出し、唯一絶対の正しい職業選択をすることによって、仕事における満足は得られるという考え方があります。私たちは、必ずしも行動の前に情熱があるとは考えていません——情熱は行動の結果として生まれることもあるのです。

仕事に対する情熱は、他者との意味ある交流を通じて生まれることが多いのです。ポーリーの話は、そのような他者との関係をどのようにつくればよいかを示しています。

Polly's Case

偶然出会った大学教授に思い切って話しかける
そこから自然科学者への道が開けた

ポーリーのケース

ポーリー・マツィンガーは大学を中退し、いろいろな仕事――ジャズ・ミュージシャン、大工、ウエイトレス、ドッグ・トレーナー、バニーガールなど――をやってみたものの、特に人生にこれといった目標もなかったので、やってみた仕事の中でそれなりにおもしろかった、バーテンダーとドッグ・トレーナーをずっとやっていこうと思っていました。

ある日、ポーリーが働くバーに地元の大学教授が何人かでやって来ました。教授のひとりが野生動物の保護について話し始めたのが聞こえてきて、その内容にかつてないおもしろさを感じたポーリーは、彼らの話から耳をそらすことができませんでした。バーで働くポーリーは、自分はその立場にないとは思ったのですが、でもスカンクの進化についてどうしても教授に質問したくなってしまい、「素人の疑問なのですが」と思い切って質問をしてみました。その教授は、ポーリーの質問に熱弁をふるって答えてくれました。

そのやりとりをきっかけにして、教授がバーにやってくるたび、ポーリーは自然科学の話をするようになりました。彼女の興味はやがてだんだんと本格的になり、ついにはカリフォルニア大学の大学院に入り、自然科学の博士課程を取ることになりました。「わからないことがあったらいくら質問してもぜったい怒られないのが科学のよいところね！」とポーリーは言っています。

（Michael Ryan, "She is not Afraid to Ask Questions." Parade Magazine, March 24, 2002, page 12. Reprinted by permission.）

ポーリー・マッツィンガー博士の話はこれで終わりではありません。彼女は新しい仕事から、新しい情熱をみつけました。彼女の免疫システムの理論のことです。彼女の理論は、ガンやその他の病気の治療方法に革命をもたらすかもしれないという研究者もいます。彼女が情熱をつくりだすために取った行動を見てみましょう。

✣彼女は、地元の大学の教授たちの会話に興味をそそられ、質問をした。
✣教授のひとりと仲良くなった。
✣その教授がバーにやって来るたびに自然科学についての議論をした。
✣彼女は、教授のアドバイスと励ましを受け、大学院を受験した。
✣一生懸命勉強し、博士号を取得した。
✣彼女は、ガンを治癒する可能性も秘めた免疫システムの理論を考え出した。

職業目標と〝結婚〟はするな

就きたい職業を決め、明確な目標に向かって努力するべき、と一般的には言われます。それがうまくいくこともありますが、ひとつの職業目標を追い続けることで、視野が狭くならないように気をつけなくてはいけません。他のチャンスが降ってわくこともあるからです。

あらかじめ決めた目標に合わないからといって、チャンスを拒んではいけません。もしかしたら、それはあなたがあらかじめ選んだものよりも、さらに楽しいことかもしれないのです。あるいは、あなたが目指している目標のために必要な経験かもしれません。エリカのケースは視野が狭くなってしまうことの危険性を表しています。

Erica's Case

希望の仕事以外には就きたくない
その結果キャリアに行き詰まってしまった

エリカのケース

私には、以前からどうしてもやってみたい仕事がありました。広告代理店のアートディレクターの仕事です。すぐにその仕事が見つかるわけではなかったので、まずはエアロビクス・スタジオでアルバイトをすることにしました。アートディレクターとしての就職先を探しながらも続けられる仕事だったし、空き時間には無料でジムを使えるという特典つきだったからです。

そのエアロビクス・スタジオで、私は靴メーカーで働く女性と仲良くなりました。私がアートの仕事に興味を持っていることを知ると、彼女は自分の会社の、靴底をデザインするプロジェクトを紹介してくれました。彼女のおかげで、私はなんとフリーランスとしてデザインにかかわれることになりました（それまで、靴底をだれかがわざわざデザインしているなんて、知りもしませんでした！）。

プロジェクトのリーダーは、私のことをとても気にいってくれて、やがて正社員にならないかと誘ってくれました。靴のデザインの仕事は、芸術的センスを活かせる仕事だったし、お給料も悪くなく、よい仕事でした。でも、私は広告代理店のアートディレクターになると決めていたので、彼女の誘いを断ってしまいました。その時点でアートディレクターとしての就職先の候補があったわけではないのに、私は自分が決めた目標からそれてしまうことが怖かったのです。

その後、小売店のディスプレイの仕事や、インターネット関連会社でのデザインの仕事のチャンスもあったのですが、私は「広告代理店でのアートディレクター」以外の仕事に就く気になれず、すべて断ってしまいました。そして、今でも私は仕事を見つけられていません。自分が宣言したこと以外のことをやってみる、というリスクを取る勇気がなかったために、自分のキャリアは行き詰まってしまったのではないか、と感じています。

エリカは前向きな行動を取れなかったわけではありません。

✣エアロビクス・スタジオでパートタイムの仕事に就いた。
✣そこでいろいろな人と話をした。
✣フリーランスでデザインの仕事をやってみることにした。

しかし、その後彼女は今では後悔している意思決定をいくつかしています。

✣アートディレクターになると宣言してしまっていたために、(彼女はその仕事に関連した経験を持っていないのに) 彼女は経験を積める仕事の誘いを断った。
✣彼女は、その仕事についてあまりよく知らなかったので、新しい仕事のオファーを受けることが怖かった。
✣彼女はリスクを取らなかった。

人生の他の選択肢にもオープンになる

この章で紹介したケースには、重要なレッスンが含まれています。ある夢を実現させることに一生懸命になりすぎると、その途中で現れる他のチャンスを無視したり、拒否したりしてしまうことがあるということです。私たちは、ここで紹介した事例の人たちが出会ったすべてのチャンスを知っているわけではないし、彼らが他の道を選んでいたらどうなったかを知ることはできません。しかし、ひとつの目標に意識を集中しすぎてしまうと、それがうまくいく場合もあるかもしれませんが、予想外のチャンスに気づき、それを活かすことを妨げてしまいます。

キャリアは前もって計画できる、あるいは計画すべきだという考え方は非現実的な話です。キャリアは予測できるものだという迷信に苦しむ人は少なくありません。〝唯一無二の正しい仕事〟を見つけなくてはならないと考え、それをあらかじめ知る術があるはずだと考えるから、先が見えないことへの不安にうちのめされてしまうのです。キャリアに確実性を求めたい気持ちはよくわかりますが、それは不可能なことです。そうしてもがく間に、自分自身を不幸にしてしまうのです。

カナダのナショナル・キャリア・サービスの元代表スチュワート・コンガー氏は、次のように言っています。「キャリアの目標を持つことの大切さが間違って受け止められているのではないだろうか。自分に最も合う唯一の職業を探すよりも、自分の仕事の幅を精一杯広げることのほうが大切だ」

夢を実現できなかった人たちは、無理もないことですが、そのことに幻滅します。特定の結果を実現することに気持ちを強く持ちすぎてしまうと、失敗したときには悲惨です。ところが、夢が実現しなくても、うちのめされた思いをせずに夢を追い続ける方法があるのです。それは、試すという気持ちを持つことです。「自分は医者にならなくてはいけない」と思うかわりに、「医療の分野でのキャリアを模索したい。医学部に入れるかどうか、まずは精一杯の挑戦をしてみよう。もし途中でもっとよい考えを見つけたら、柔軟に考えよう」と考えるようにしましょう。あるいは、「夢は消えてしまった」と言うのではなく、「状況が変わった。さらに自分にとってよいチャンスを探すにはどうしたらいいだろう?」と考えましょう。

計画を変更することは失敗ではありません。計画が変化することは、まったく自然なことなのです。学習を重ねるにしたがって、もともとの夢がもはや自分に合わないものになっていることもあるでしょう。次に挑戦すべきチャンスは必ずあります。私たちは、まだこんなことを言う年配の男性を知っています。「大きくなったら何になりたいかなんて、まだ決めていないよ」人生そのものがひとつの大きな実験だと言う人もいます。

夢から目覚める方法

夢はどんどん見てください。でも、次のことを覚えておいて、常に目を覚ましていてください。

✣夢が破れたときは、別のことに進む。
✣夢は一歩ずつ試す。
✣悪い選択肢に固執しない。
✣アドバイスには耳を傾け、自分で決める。
✣状況が変わったら、優先事項を見直す。
✣行動を起こすことで、情熱を生みだす。
✣職業の目標と〝結婚〟しない。
✣他の選択肢にもオープンになる。

〝夢の仕事〟に関する練習問題

次の質問は、過去／現在の〝夢の仕事〟（やりたい仕事）を考え、あなたの選択肢へのアプローチの仕方を見直すためのものです。

1・実現しなかった〝夢の仕事〟には、たとえばどんなものがありますか？

2・その夢は実現しないとあなたが納得したのは、どんなことがきっかけでしたか。

3・思いどおりに夢が実現しなかったとき、あなたはどのような対応を取りましたか。

4・あなたの今の〝夢の仕事〟は何ですか。

5・夢はいくつ持っていてもよいものです。ほかにはどんな夢を考えたことがありますか。

6・夢の仕事を本気で実現させたい場合、今日できる最初の一歩としての行動は何でしょうか。

7・今と、今の仕事／立場に就いたときの状況とはどのように違いますか。

8・現時点での状況を考えて、あなたはどんな選択をしたいと思っていますか。

9・過去に行ったよくない選択のせいで現在行き詰まっていると感じていますか。

□はい

□いいえ

10・9の答えが「はい」の場合、そこから抜けだすために今できることは何ですか。

11・他の人からどんなアドバイスを受けてきましたか。

12・そのアドバイスに対して、どのような反応をしていますか。

□批判せずに受け入れる傾向が強い

□守りで反応する傾向が強い

□考慮に入れつつ、自分で計画を立てる

□その他（　　　　　　　　　　）

13・今の仕事をより満足のいくものにするために、どんなことができますか。

14・あなたが他の夢に挑戦することを阻んでいることは何ですか。

私たちは、あなたに夢見ることをやめてほしいのではありません。試してみることで、あなたの夢が変わるかもしれないということを知ってもらいたいのです。現実は夢以上によいものかもしれません――結果がわからなくても新しい冒険に挑戦してみる気持ちがあれば、なおさらです。

第4章

結果が見えなくてもやってみる

新しいことを始めるときにはリスクがあります。「もし、失敗したら？　もしやってみて嫌いになったら？」。たしかに、失敗すればお金と時間と労力がムダになるかもしれません。

しかし、リスクを取ってたとえ失敗したとしても、そこから得られるものは大きいのです。また、やってみるまでは、自分が本当にそれが好きかどうかはわかりません。

失敗を恐れて何もしなければ、あなたの人生にはどんな幸運も訪れてはくれません。

新しいことに挑戦して、あなたは成功するかもしれないし、失敗するかもしれません。それを好きだと思うかもしれないし、嫌いだと思うかもしれません。新しい友人ができるかもしれないし、逆に敵をつくるかもしれません。思いもしない結果が生まれるかもしれません（自分がまったく知らなかったことも含めて）。新しいことをやるときには、リスクがあります。結果がどうなるか、前もってはわかりません。

もし、どうしても結果を知っておきたいと思うのなら、ひとつだけできることがあります――それは何もしないことです。何もしなければ、確実に何も起こりません。

つまり、リスクを取ることには、大きなメリットがあるということです。とはいっても、あなたが考えていることが聞こえてきます。「それはそうだけど、もし失敗したら？　もしやってみて嫌いだったら？」。たしかにそれは起こりうることですが、もし実際にそうなったら、どうでしょう？　行動を妨げる大きな障害のひとつは、失敗への恐れですが、失敗はそんなに悪いことでしょうか？　たしかに、失敗すれば、お金と時間と労力がムダになるかもしれません。しかし、どんなときでもあなたは自分自身や周りの世界についてなんらかの学びを得ているのであり、リスクを取って時々失敗してみることから得られるものは大きいのです。

成功するときもあるように、失敗するときもあることは、避けられないことです。有名なスポーツ選手のマイケル・ジョーダンは、高校時代にバスケットボール部を退部させられたと言われています。失敗を冷静に受け止められる能力こそが、成功へのカギだと考える人もいます。私たちはウィンストン・チャーチルの姿勢が好きです。「成功とは、ひとつの失敗から次の失敗へと熱意を失わずに進める能力だ」

偉大なフットボールのコーチのビル・ウォルシュはこう表現しています。「多くの人が、成功するチャンスは人生に一回だけしかなくて、それを逃したら一生の失敗だと思っている。過去の過ちから学ぶことができれば、次にチャンスがやってきたときには、もっとずっとうまくやれる」

思いどおりにならないことをやるのは、楽しくはないかもしれませんが、貴重な学びの体験になる可能性があります。失望する一方で、何かを得ることができるのです。

私たちは、ばかげたリスクを取れと言っているのではありません。パラシュートなしでスカイダイビングをする気にはなれないでしょう。この章では、いろいろなリスクを取った人たちの話を紹介します。結果的にうまくいったケースもあれば、そうでなかったケースもあるし、まだ結果がわからないケースもあります。

成果に結びつきそうなリスクを取る

まずは、リスクを取って、報われた人たちの話から始めましょう。

ある仕事に就くときには、まずその仕事のやり方を知っていないといけない、それが一般的に言われていることです。でも、とても成功したビジネス・ウーマンで、こんなことを言った人がいます。「どうすればいいかはじめからわかっている仕事を引き受けたことは一度もないわ」。もしはじめから仕事のやり方をわかっていたら、新しいことを達成するという満足感を得ることはないでしょう。人は、学校でも仕事でも、スポーツでも恋愛でも、初めてうまくいったときのことがよい思い出になっているものです。

新しい仕事に就くときは前もってそのやり方を熟知していなくてはいけないと考えるかわりに、新しい仕事を、学びの機会ととらえるほうがよいでしょう。マリックの経験はそれを表しています。

Malik's Case

非営利組織でコンピュータの導入を経験
それをきっかけに研修ビジネスの世界へ

マリックのケース

私は、移民や難民を支援する非営利組織で働いていました。その組織は赤字続きで、私は企業や財団法人に寄付の依頼状を書く仕事を引き受けました。依頼状が功を奏して、ＩＢＭ社から立派なコンピュータシステムが寄贈されることになりました。寄付には、使い方を勉強するための無料のトレーニングコースも含まれていました。実は、私たちの職場にはコンピュータを使える人がだれもいなかったので、いったいだれが使い方を覚えて他のメンバーに教えるのかという議論になりました。

コンピュータに関して私はまったく無知だったのですが、無料でコンピュータを学べるよい機会になるだろうという程度の思いと、また、だれもあまり積極的にはその役を引き受けたがっていなかったこともあって、私がトレーニングを受けることになりました。自分が使い方を理解できれば、他の人にも簡単に教えられるだろうと、わりと楽観的に考えていました。

さっそく無料のトレーニングコースを受講して、コンピュータの基本的な操作を覚えると、アジア系の移民・難民の就職を支援するために、データ入力スキルを教えるワークショップを開催することになりました。何度かの試行錯誤を重ねて、さらに上級者のためのワークショップも開発するまでになりました。

その後、その非営利組織は解散になってしまったのですが、私はデータ入力スキルのワークショップを開発した経験を活かして、今度はビジネスの世界でコンピュータスキルを教える講座を開発する仕事を手に入れることができました。それ以来ずっと、コンピュータ関連の研修に携わっています。

マリックの行動を見てみましょう。


✣彼は、寄付の依頼状を書く仕事を手伝った。

✣コンピュータについて何も知らなかったにもかかわらず、使い方を勉強することを引き受け、トレーニングを受けた。

✣自分が覚えれば、他の人にも教えられると楽観的に考えた。

✣移民・難民のためのワークショップをつくった。

✣データ入力のスキルを教えた。

✣彼は自分のスキルを、ビジネス界での新しい仕事に応用した。

マリックは、あらかじめやり方を知らなくても、新しいことに挑戦することを恐れませんでした。彼は挑戦し、それを好きになり、そこから利益を得ました。

予期せぬチャンスに備える

どの出来事がおもしろいチャンスにつながるか、前もって知ることはできません。ジャスミンは、友達と一緒にある就職フェアに行き、それが彼女のキャリアの方向性を大きく変えることになりました。

何をしたらよいのかわからない就職フェアでの偶然の出会いが成長のきっかけに

Jasmine's Case

ジャスミンのケース

私は一一年ぶりに戻ったロサンゼルスで仕事を探していました。それまでにいろいろな仕事を経験し、さまざまなスキルを持ってはいたのですが、どれに焦点を当てて就職活動をするべきか、決めきれずにいました。マッサージの仕事をやったこともあったし、ハウスペインティングの会社を立ち上げたこともあったし、三〇代後半で再び大学に戻っていた頃は、生活費を稼ぐために外国人に英語を教えていたこともありました。でもどれに絞り込んだらいいのか、よくわからなかったのです。

ある日、同じく最近ロスに引っ越してきて仕事を探している友人が、有色人種の先生を積極的に採用するための教育業界の就職フェアがあるので、一緒に行かないかと誘ってきました。私は教育にはあまり興味を持っていなかったのですが、自分自身も有色人種だったので、そういった就職フェアにはどんな人が集まるのかに興味を抱き、一緒に行ってみることにしました。念のため、自分の履歴書もカバンに入れました。私は三種類の履歴書をつくっていました。ひとつはマッサージ師としての履歴書、もうひとつはリサーチ職のための履歴書、そして三つ目はごく一般的なものでした。

就職フェアで、偶然に知人の女性に会いました。私を見つけた彼女は妙にうれしそうな顔をして、ぜひ紹介したい人たちがいると言って私をどこかへ引っぱっていきました。彼女は私のこれまでの経歴もよく知っていて、そのうえである専門学校でさがしている人材の条件が、幅広い職業経験を持つ私にぴったりだと言うのです。

実は私はあまり乗り気ではなかったのですが、彼女に言われるままに、その学校の副校長先生と会ってみました。意外なことに、副校長自身も教育界でずっとキャリアを積んできたわけではなく、いろいろな人生経験を経てきて、そのうえで学生たちを支援する仕事に就いた人でした。そういうこともあって、私たちはおもしろいほど意気投合してしまったのです。副校長は、私の履歴書を預からせてほしいと言ってくれました。

三カ月後、図書館の職員が長期休暇に入るので、臨時で図書館員を募集しているという連絡が副校長からありました。それがきっかけで、私は結局六年間その学校に勤めることになり、キャリアとしても人間的にも、成長することができたように思います。

ジャスミンのストーリーは、いくつか重要なことを示しています。

✣彼女は、友人が彼女に会うと喜ぶような、人当たりのよい社交的な人だった。
✣就職フェアへ行こうという友人の誘いを承諾した。
✣時間とお金をムダにするかもしれないということを知りながら、リスクを取った。
✣副校長先生に会いに行くというもうひとつのリスクを取った。
✣三種類の履歴書を用意して就職フェアに行った。
✣三種類の履歴書のうち、副校長先生に渡すものとして適切なものを選んだ。
✣臨時のポジションに賭けてみた。

✣それをフルタイムの仕事へと広げた。
✣六年間そこで働き続け、成功した。

ジャスミンは、自分で運を切り開き、リスクを取り、成果を上げたのです。

新しいことを発見する

早い時期にキャリア選択の意思決定をするにあたって不利なことは、ひとつには、知らない職業を無視してしまう可能性があるということです。幸いなことにレイチェルの場合は早くに決めた目標が新しい可能性を邪魔することにはなりませんでした。

エレベーターに乗り合わせた社長に新規ビジネスの可能性を直訴

Rachel's Case

レイチェルのケース

大学を卒業したとき、私は自分が何をやりたいのかわかりませんでした。世の中が不況だったこともあってなかなか仕事は決まらず、一年ほど時間をかけて就職活動をすることにしました。その一年の間に、私はそれまで存在すら知らなかった仕事に出会う機会を得ました。

それは、あるパーティーで偶然出会った女性が教えてくれた話でした。彼女は、外国の出版社がアメリカの本を翻訳して出版したいときに、著作権の契約の交渉をするという仕事をしていました。世界中の出版社の人たちとコミュニケーションを取るというその仕事の内容を聞いて、そんな仕事があるのだということを初めて知った驚きと、私の中になんだかワクワクする感じがわいてきました。彼女にその業界の事情などを教えてもらった後、さっそくその仕事の求人を探しました。ある出版社が、未経験者でも採用してくれることになったのですが、その直後、会社の業績が急速に悪化し、その話は途中で立ち消えてしまいました。

せっかくやりがいを持てそうな仕事だったのに、私はとてもショックでした。それでも現実には生活費を稼ぐ必要があったので、別の出版社で秘書の仕事に就きました。その出版社は、アメリカ国内でしか書籍を販売していませんでした。海外での著作権にかかわる仕事をしたかった私は、その会社も海外で出版すればいいのに、といつも思っていました。そんなある日、偶然に社長とエレベーターに乗り合わせました。そして、思わず私は言ってしまっていたのです。

「どうしてうちの会社は海外で売らないのですか？　きっとかなりの利益を上げられると思います」

「そうだね。でも外国人は英語の本は読まないからね」

「外国の出版社と契約をして、うちの本を翻訳してもらえばいいんです」

「そういった前例はないからねぇ……」

「私にやらせてくれませんか？」

「ほう……。いいとも。調べて、どれほど実現可能かを報告してくれたまえ」

まさか、本当にやらせてくれるとは思ってもいませんでした。私はさっそく海外の出版社のリストを入手しました。その中から海外の書籍出版に積極的と思われる三社を選び、自社の出版カタログを送付して、契約の可能性を打診しました。するとなんと、三社とも私の会社の何冊かの本の翻訳に興味を示してくれたのです！　これが私の海外著作権のコーディネーターとしてのキャリアの始まりでした。


レイチェルがいかに偶然の出会いのチャンスをつかみ、主体的な行動を取ったかを見てみましょう。


✣パーティーに参加した。

✣初めて会った人と会話した。

✣求人に応募したが、採用されなかった。
✣望んでいた仕事ではなかったが、出版社で秘書の仕事に就いた。
✣出版社の社長とエレベーターで偶然に会った。
✣彼女は自分の考えを伝えるチャンスをものにした。
✣彼女は自分の考えを自ら申し出て、それを実行した。

マスメディアから思いもよらないキャリアのチャンスをつかむ

キャリアのチャンスを見つけるよい方法は、最初からわかりやすいものであるとは限りません。あなたがよく目を開いてさえいれば、テレビ番組ですらヒントになります。マリタは彼女の経験を次のようにまとめました。

Marita's Case

テレビで見た服飾会社に興味を引かれ社長宛てにeメールを出してみた

マリタのケース

ある日、テレビを見ていると、ハンドペイントの生地でオーダーメイドの洋服をつくるという女性の作品とその仕事ぶりが紹介されていました。私もシルクの布に絵を描くデザインの仕事をしていましたので、その番組に興味を引かれ、その女性がつくっているウェブサイトのURLを覚えておきました。

後からウェブサイトを見てみると、そのオーナーの女性は、私の地元に長い間住んでいたことがあることがわかりました。私はそこになんとなく親近感を覚え、彼女の作品を見てみたいと思いました。私は彼女にeメールを出し、事の経緯をつづって、彼女のつくった服やハンドペイントの生地を見ることができるお店が近くにないかどうか、聞いてみることにしました。ついでに、自分がシルク・ペインターであることも書き加えました。

すると、なんという偶然でしょう。彼女はちょうど、新しい作品にとりかかるためにシルク・ペインターを探しているところで、私のハンドペイントを見たいというのです！　彼女は布とスケッチを送ってきて、私は彼女が送ってきたスケッチの図柄を布に写して、ちょうど二日前に送り返したところです。まだわかりませんが、これが私の新しい仕事になるかもしれません。

その女性からどのような反応がマリタに返ってくるか、私たちにはわかりません。マリタが実際に自分でハンドペイントの洋服のビジネスを始めるかどうかもわかりません。わかっているのは、マリタが、テレビ番組の字幕に出てきたウェブサイトのURLをきちんと見ていたということをはじめとして、いくつかの創造的で主体的な行動を起こしたということです。人生という不可思議の中で、いつ次のヒントがやってくるか、わからないものです。

友達や同僚と連絡を取り続ける

良好な人間関係を築き、それを維持する能力は、仕事での成功において重要なことです。電話や手紙、eメールなどを使って連絡を取り続けることで、自分が好きな人、尊敬する人との関係を維持することができます。彼らがあなたをどう評価するかは、あなたがどれだけ約束をきちんと果たし、信頼関係を大切にするかにかかっています。

ホープの経験は、ある上司を敵に回しても、他の上司とは良好な関係を築くことができるということを表しています。

Hope's Case
会社を辞めて新しい会社へ ところが突然の方針変更で職を失うはめに

ホープのケース

　私は、あるハイテク企業の受付で働いていました。とてもよい会社だったのですが、私は自分の仕事にそろそろ飽きてしまっていて、何か別の仕事に替わりたいと思っていました。いろいろと調べるうちに、人が働くことを支援するという、人事部の仕事に興味を持つようになり、社内で人事部への異動を希望しました。ところが、私の上司は「あなたには危機意識が足りないから、人事の仕事には向かない」と取り合ってくれませんでした。社内で人事の仕事に就くという私の希望はどうもかなえられそうにないと思った私は、仕方なく人材派遣会社に登録し、別の会社で人事の仕事を探すことにしました。

　まもなく、私はある会社に派遣されることが決まりました。新しい仕事が見つかって、私は本当にワクワクしていました。ただ、新しい会社からはすぐに来てほしいと言われていました。普通は少なくとも二週間前には退職願を提出するべきところを、今の会社を突然に辞めなくてはならないということです。当然、今の会社の上司は怒り、そんなことをすると二度とこの会社には戻れないぞと厳しく言われましたが、私は新しいチャンスを捨てることができませんでした。

　退職の翌朝、私は胸を躍らせて新しい職場に出社しました。ところが、なんと私が就くはずだったポジションには、社内の人材を充てることになったと言われたのです。私は新しい会社の要望に合わせて前の会社を無理やり辞めてきたのに、こんなことがあっていいのでしょうか。前の会社にはもう戻ることはできません。

　私は本当にショックを受け、同時に怒っていました。気の毒に思った人材派遣会社は、短期の派遣の仕事をしながら、ゆっくりと仕事を探してはどうかと提案してくれました。生活費を稼ぐ必要もあったので、私は事務の派遣の仕事を引き受けることにしました。最初に派遣されたのは、コンピュータ関連商品を扱う会社で、人事部で資料整理を手伝うことになりました。

　つなぎのつもりで行った職場でしたが、驚いたことに二週間後にその会社の正社員として働いてみないかと、上司からオファーを受けたのです！　今度の上司は、理解がある協力的な人で、私がこの会社に来るまでの経緯を話すと、心から励ましてくれました。その後、上司は転職してしまいましたが、私はその後も連絡を取り続けていました。一年後、その上司が、より将来性がありそうな、かつ条件のよい仕事のチャンスを私に持ってきてくれました。今は、その会社で働いています。

ホープは彼女が認識していた以上に選択肢を持っていました。彼女は、新しい仕事をすぐに始めなくてはならないと言われましたが、今の会社に対する責任をきちんと果たしたいと交渉して、時間をもらうこともできたはずです。

そのような誠実さは、新しい会社にとっても好ましく思われるはずです。また、彼女は新しい仕事での採用の通知を、文書にしてもらえばよかったかもしれません。あるいは、新しい仕事のことを今の会社に話して、給料や仕事の条件を見直してもらうという交渉もできたかもしれません。

一方、ホープは前向きな行動も取りました。彼女が新しく引き受けた派遣の仕事では、会社が彼女を正社員にしたいと言うのだから、彼女はよく働いたに違いありません。彼女は新しい上司とよい人間関係を築き、上司が会社を去った後も、つきあいを一年間維持しました。ホープが連絡を取り続けていたからこそ、その上司は人手が必要になったときに彼女のことを思い出し、そして彼女に連絡することができたのです。

他者からの励ましを引き出す

周囲からの励ましは、あなたがひとりなら避けてしまうようなリスクを取る後押しになるかもしれません。あなたの役割は、その励ましを引き出すことです。オスカーの話は、自分の仕事を他の人に見せることの力を示し、次のクラウディオの話は、自分の希望や不安を他の人と共有することの大切さを表しています。

Oscar's Case

自分の興味の広がりに理解を示してくれる上司に恵まれた

オスカーのケース

私は大学では生物化学を専攻して、遺伝子研究の研究所に実験技術者として就職しました。私は上司に恵まれていました。その上司は常に部下の成長を考えてくれる人で、部下の潜在能力を発見し、それを発揮できるように仕事の内容を見直してくれる人でした。それは部下である私たちにとって大変ラッキーなことでした。

私の仕事のひとつに、コンピュータを使って実験結果をグラフ化するという仕事がありました。

私は大学時代にコンピュータの授業をひとつも履修したことはなく、またコンピュータには興味がなかったのですが、実験結果をグラフにする仕事を何度もしていくうちに、徐々にそのプロセスに興味を持つようになりました。私はソフトウェアの使い方を研究して、凝ったグラフを迅速かつ適切な方法で作成できるようになりました。

私の興味の広がりに気づいた上司は、データベースのソフトウェアを購入して、DNAバンクのデータベースづくりを勉強してみないか、と提案してくれました。コンピュータに興味を持ち始めていた私はすぐにOKし、さっそく勉強を開始しました。最初に基礎となる二つの講座を受講し、四カ月間かけて、私はかなりしっかりしたシステムをつくりあげ、それをテーマに一本の論文を書きました。

その論文をある雑誌に投稿したのですが、偶然にも、その雑誌では数カ月後にバイオコンピューティングの特集を組むことになっていて、私の論文はそのタイミングにちょうどぴったりだったのです。そういうラッキーなこともあって、私の論文は注目を集めました。その結果、私のつくったシステムに関して、なんと五〇もの問い合わせがあったのです。私は、自分がコンピュータにここまでの興味を持つことになるとは思ってもいませんでした。思わぬ自己発見と成功でした。

オスカーは、グラフ作成の仕事でコンピュータを使うことになるまでは、自分はコンピュータに興味がないと思っていました。彼の上司は、彼の能力に気づき、コンピュータを使ったより複雑な仕事を与えることで、彼の成長を後押ししました。オスカーは、彼の能力に気づいてくれる上司を持って運がよかったわけですが、オスカー自身も自分の可能性を上司に伝えるさまざまな行動を取っています。オスカーはリスクを取って挑戦し、彼のキャリアはより満足のいくものになりました。

クラウディオは偶然に出会った見知らぬ人からの励ましに助けられました。

移民で言葉も不自由
それでも大学に入る道があった

クラウディオのケース

Claudio's Case

私は二三歳で移民としてヨーロッパからアメリカにやってきました。グリーンカードを持っていなかったので、まともな仕事を見つけることもできずにいました。そんなある日、ちょっとしたきっかけから、ドイツからアメリカにやってきた女性と知り合いになり、アメリカでの生活についていろいろと情報交換をするようになりました。彼女は、自分がどうやってドイツからアメリカにやってきたか、どうやって大学に入る方法を見つけだしたかを話してくれました。

私はそのとき二三歳でしたが、大学を出ていなかったので、彼女がアメリカで大学に行った話にとても興味を持ちました。でも、私がアメリカの大学に入るためには、ありとあらゆる障害がありました。まずお金がなかったし、英語もへただったし、SAT（大学入試に必要な共通テスト）を受けたこともなく、何よりも自分が何を勉強したいのかわかりませんでした。そんな私でも、コミュニティカレッジなら入学できると彼女が教えてくれました。最初は絶対に無理な話だと思ったのですが、本当にそんなことができるのか、まずは試してみることにしました。自分が卒業したヨーロッパの高校に手紙を書いて、成績証明書を取り寄せ、半信半疑ながらもコミュニティカレッジに入学願書を提出しました。

ドイツ人女性の話は本当でした！　私は合格し、コミュニティカレッジの二年間のカリキュラムを修了しました。二年間で私の興味・関心は広がり、その後奨学金を得て四年生の大学に通い、現在は大学院に通っています。

もしあのドイツ人の女性が、年齢も、資格も、お金も、乗り越えられない壁ではないということを私に教えてくれなかったら、私は決してここまでくることはなかったでしょう。彼女からの励ましと情報が私の人生を変えたのでした。

クラウディオは、同じ道を通ってきた女性から励ましをもらいました。彼はその出会いを「偶然」と位置づけていますが、彼自身の人間関係構築の能力が、この励ましを受けることにおいて重要な役割を果たしています。彼の人生が変わったのはその女性のおかげだと彼は思っていますが、彼女を会話に巻き込み、共通の経験について話し合い、大学に行く可能性について話し合い、大学を受験することに関して懐疑的な気持ちを乗り越え、受験するというリスクを取ったのは彼です。その後の彼の成功は、彼を力づけてくれた彼のメンターのおかげだけではなく、彼自身の能力と努力によるものなのです。

励ましを与えたり受け取ったりするにはいくつかの方法があります。

（1）あなたを助ける立場にある人々の目に止まるようなやり方で仕事をやる。
（2）自分の恐れや希望、夢について他の人に話す。
（3）他の人の希望や恐れに耳を傾け、必要とされるときには——場合によっては頼まれなくても——積極的に支援することで、他者の人生に対する興味や関心を示す。

興味は変化するものと考える

将来就きたい職業を決めてしまえば安心感を得られるかもしれませんが、それは危険なことでもあります。危険性のひとつは、あらかじめあなたが選んだ職業は、あなたが思うほど満足のいくものでないかもしれないということです。もうひとつの危険性は、変化の激しい現代では、その職業そのものが消えてしまうかもしれないということ、そして、あなたの興味が変化するかもしれない――むしろ変化する可能性が高いということです。無関係で、想定外の出来事の連鎖の結果、あなたはもっとずっと魅力的なことを発見するかもしれません。ジルに起こったのはそういうことでした。

「見つけた」飽くなき探求心がたどり着いた天職

ジルのケース

Jill's Case

ジル・ターターはまるで男の子のように腕白な少女でした。たいへんな父親っ子で、幼い頃は父親とよく狩りや釣りをして遊んでいました。彼女が大好きだった父親は彼女が一二歳のときにこの世を去ってしまいましたが、彼女は父親と同じように、将来はエンジニアリングの仕事に就こうとずっと心に決めていました。

ジルは大学でエンジニアリングを専攻し、いったんは仕事に就きましたが、その仕事はあまり満足できるものではありませんでした。なんとなく、現実に物足りなさを感じていたジルは、再び大学に戻り、理論物理学の勉強を始めました。ある日、星の生成についての授業を受けたときのこと、「私にとっては、『見ーつけた！』という感じでした」とジルが言うような、新鮮な世界に触れた体験をします。彼女は星の世界に魅了され、やがてエンジニアリングのバックグラウンドも活かして、分光系を制御するコンピュータのプログラミングをする仕事に就き、その仕事はしばらく続きました。

そして、彼女が長年担当していたコンピュータは古くなったので、天文学的データを分析して人工信号を探す研究をしている、スチュー・ボウヤーというX線天文学者に寄付されることになりました。そのコンピュータはとても特殊なものだったので、操作方法を教える必要があり、ジルはスチューの研究室を訪れ、研究を手伝うようになりました。そしてそこでジルは、地球外生命の調査研究に関する本に出会ったのです。彼女はその未知なる内容にとても引かれました。そして、今度は地球外知的生命体探査プロジェクト（SETI：The Search for Extraterrestrial Intelligence）の求人に応募し、採用されたのです。

プロジェクトリーダーのジョン・ビリングハムによると、「（1）彼女の能力、経験とトレーニング、（2）並外れた忍耐力、そして（3）コミュニケーション能力――彼女は雄弁で、はっきりと自分を主張することができる――という三つの要件が、ジルを採用した決め手になったそうです。

ジルは、小さい頃からエンジニアを目指していたのに、まさか宇宙で地球外知的生命体の兆候を探す仕事をするようになるとは、思ってもいませんでした。エンジニアリングの仕事は、子供の頃から描いていた彼女の期待とは違うものでしたが、その過程でジルは重要なスキルを学びました。

挑戦してみてうまくいかなくても、決してまったくのムダではありません。自分がやりたくないことは何かを発見できるし、そこで身につけたスキルは別の分野で活かすことができるからです。これと思うものに出会うまで、さまざまな選択肢にどんどん挑戦してください。

（Leigh Weimers, "Homing in on any E.T.s out there." San Jose Mercury New, January 3, 1999. pp. 1G,4G. Reprinted by permission.）

どんな活動があなたに満足感をもたらすか、あらかじめ知ることはできません。ですから、実験的な態度を持つことが必要です。

✣成果が出そうなリスクを取る。
✣想定外のチャンスに備える。
✣知らないことに挑戦してみる。

✣失敗するかもしれなくてもリスクを取る。
✣結果がわからなくてもリスクを取る。
✣マスメディアからキャリアのチャンスのヒントを得る。
✣友人や同僚と連絡を取り続ける。
✣他の人からの励ましを引き出す。
✣自分の興味は変わるものと考える。

新しく挑戦したいことを見つけるための練習問題

新しい冒険や新しい活動を始めるときに、明確な目標を持っていなければならないというのはよく言われる迷信です。実際には、新しい活動に取り組みながら目標をつくったり、変えたりすることができます。やってみるまでは、自分が本当にそれを好きかどうかはわかりません。新しい活動は、必ずしもあなたが望むものだけを与えてくれるとは限りません――あなたが望む以上のものを与えてくれる可能性もあります。もし今の自分の人生のあり方に満足していないのなら、あなたが挑戦してみたいと思う選択肢を考えるきっかけとして、ここにいくつかの質問があります。

1・自分の能力の高さに関係なく、楽しむことができる活動はありますか？

□散歩　□料理
□クロスカントリースキー　□家系図
□クロスワードパズル　□セーリング
□工作　□映像編集
□山歩き　□ゴルフ
□ボランティア活動　□その他（何でも自由に挙げてください：　　　　）

2・ある活動からあなたが満足感を感じるためには、何が必要ですか？

□自分の能力を高めること
□他の人に勝つこと
□活動そのもの
□その他（何でも自由に挙げてください：　　　　）

3・しばらくの間、想像力を自由に解き放ってください。あなたが本当に好きな活動を考えてください。それはどんなことですか？

□楽器の演奏
□選挙に出ること
□宇宙旅行についての研究
□自分の家を建てること
□外国語を話すこと
□その他（何でも自由に挙げてください：　　　　　　　　　　）

4・どんな活動においても、成功している人は、生まれたときからその能力を持っていたわけではありません。成功への道を学んだのです――一歩ずつ。もしあなたが本当にある活動に取り組みたいのなら、あなたがまず取らなくてはならない最初のステップは何でしょう。

5・その最初の一歩に挑戦したいと思いますか？
□はい。失うものはないし、楽しそうな気がします。
□いいえ。失敗するかもしれないので。

6・いつ、その最初の一歩を実践しますか？

□今日の［午前／午後］＿＿時。

□明日の［午前／午後］＿＿時。

□具体的な日にちを記入してください（＿＿＿＿＿＿＿＿）

7・何か行動を起こすときに、その意志を他の人に伝えておくと、実行する確率が高まります。最初の一歩を実行に移すという意志を、だれと共有しますか？

＿＿＿＿＿＿＿＿＿＿＿＿＿＿＿＿

＿＿＿＿＿＿＿＿＿＿＿＿＿＿＿＿

結果がわからないときでも、新しい活動に挑戦することを私たちはお勧めします。あなたは魅力的な冒険を発見し、同時に失敗も経験することでしょう。成功も失敗も、人生の楽しみの一部です。失敗することを心配しないでください。次の章ではそのことをあなたに納得してもらいます。

第5章

どんどん間違えよう

行動を起こし、新しいことに挑戦しようという意欲は、時として失敗という結果につながることがあります。

何か新しいことを学ぶということは、必ず間違えるということでもあります。ですから、すべてにおいて完璧であることを期待する必要はありません。

間違えるかもしれないという恐怖から何もしないことよりも、間違いから学ぶことこそ成功につながると考えてほしいのです。

失敗に対する恐怖は、人を本当にやりたいことから遠ざけてしまいます。その恐怖の源は、容易に想像がつきます。学校教育の大半が「正しい」答えを見つけることに費やされます。間違った答えは、成績を悪くし、自信を失わせ、自分の将来の成功は危ういと心配にさせます。ほとんどの教室において、間違いは先生によって罰せられるべきものであるという仕組みになっています。

それでは、私たちはなぜあなたに間違えることを奨励しているのでしょうか。間違えるよりももっとひどいことがあるからです――それは、間違えるかもしれないという恐怖から何もしないことです。

一部の人にとっては、間違いを犯すことへの恐怖は、完璧さの追求と関係しています。こういう人は、学校のテストでは常に一〇〇点、成績はオールA、スポーツでも勝ち、完璧な仕事に就いて、すぐに成功して、完璧な結婚相手を見つけて幸せな人生を送りたいと思っています。そう

Luck Is No Accident

思うことをだれが責めるでしょうか。株式市場でもアカデミー賞でもスーパーボウルでも「勝つことがすべてだ」という社会に私たちは生きています。残念なことに、ベストを尽くすということ――たとえ二位になっても――は、大した成果とは見てもらえないのです。

ベストを尽くすことについては、言うべきことはたくさんありますが、完璧さの追求は、不幸のレシピです。完璧な人間などいないのだから、間違いなく失敗します――あなたも例外ではありません。どんなにすばらしいミュージシャンでも、不調な時があります。プロ野球でも、三回に一回以上のヒットを打てる選手はめったにいません。テニスのトッププレーヤーでも、いくつもの凡ミスをしています。選挙に勝つ候補者は、満場一致で選出されるわけではありません――独裁政治でない限りは！

やることなすことすべてにおいて、完璧であることを期待する理由など何ひとつありません。当然、あなたは自分のベストを尽くし、優れたものを目指したいと思うでしょう。しかし、完璧でありたいというのは不可能な基準です。

私たちはあなたに、間違えることに対して新しい態度を持ってほしいと思っています。間違いを犯すことは、避けられないことです。何か新しいことを学ぶということは、必ず間違えるということであり、間違えることはまったくＯＫなことです。この章は、次の二点を理解してもらうためのものです。

✣間違えることは、よくあることで、当たり前のことであり、有益である。

✣間違いから学ぶことこそが、成功へとつながる。

失敗を恐れない

次のリストは、大学バスケットボールのコーチであるダン・マイアーが選手の士気を高めるために使っているものです。


✣あなたは覚えていないかもしれないが、何度も失敗してきた。

✣初めて歩こうとした日、あなたは転んだ。

✣初めて泳ごうとしたとき、あなたはおぼれそうになった。

✣初めてバットを握ったとき、あなたはボールを打つことができただろうか。

✣首位打者も、ホームラン王も、たくさんの空振りをした。

✣R・H・メイシー（アメリカの有名な百貨店）は、ニューヨークの店が流行る前に七回失敗している。

✣小説家のジョン・クリージーは、五六四冊の本を出版するまでに、七五三回も断り状を受け取った。

✣ベーブ・ルースは、七一四本のホームランを打ったが、同時に一三三〇回も三振している。

✣伝えたいのは、失敗を心配するな、ということ。

✣それよりも、挑戦すらしないで逃すチャンスのことを心配しよう。

間違いを活かす

間違いは当たり前のことであるだけでなく、貴重なものです。間違いは重要な学びをもたらし、時には、あなたが望んでいた結果よりもむしろよい結末へと導いてくれることもあります。

行動を起こし、新しいことに挑戦しようという意欲は、時として失敗という結果につながることもあるかもしれませんが、それが予期せぬ結果へつながることもあります。カメロンのケースを見てみましょう。

Cameron's Case

面接に行く会社を間違えた しかし、採用され仕事にも満足

カメロンのケース

私はしばらくヨーロッパを転々とした後、ロンドンに来て仕事を探すことにしました。とはいっても、自分がどんな仕事をやりたいのかまったくわからなかったので、まずは求人情報が張り出されている近くの掲示板を見に行きました。いろいろな求人情報がありましたが、その中で、スポーツ用品店の販売員募集の、手書きの求人広告が目にとまりました。

私はさっそくそのスポーツ用品店に電話をかけました。女性のスタッフが電話に出て、スキーや山登り、キャンプなど私のアウトドア・レジャーの経験を聞きました。それから、仕事の内容を簡単に説明して、お店に面接に来てほしいと言い、ロンドンの中心部にある住所を教えてくれました。

面接の日、私は教えられた住所の通りに、スポーツ用品店を見つけました。ドアには「スタッフ募集中。詳しくは店内で」という張り紙があったので店に入り、面接に呼ばれてきたことを告げました。そのとき、電話口で対応してくれた女性スタッフの名前を失念してしまったことを伝えると、「それはたぶんアシスタント・マネジャーのジュリーね。彼女は今昼休みで外出してる

けど、どうぞ中に入ってマネジャーと会ってください」と言いました。
マネジャーとの面接は、どう考えても実に奇妙なものでした。
マネジャー「うちのビジネスの内容は知っていますか？」
私「リーズとブリストルに支店があると聞いています」
マネジャー「いや。うちはマンチェスターとカーディフに支店があるんだよ」
私「御社は特に山登りの道具が充実していると聞いています」
マネジャー「えーと、いや、うちは山登り関係はあまり多くは扱っていないね。一般的なキャンプ用品のほうが得意だよ」
……というようなちぐはぐな会話が続きました。私は自分がバカになってしまったのではないかと思いました。それでも結果的に私はその場で採用され、晴れやかな気持ちで店を出ました。
店のドアを出たところで、正面の店の看板が目に飛び込んできました。なんと店の正面にもうひとつスポーツ用品店があったのです！　私はあわてて自分のメモを見直しました。あろうことか、私は間違った店で面接を受けていたのです。どおりで会話がかみ合わないわけでした。たった一四しか店のない小さな通りに、二つもスポーツ用品店があって、どちらもスタッフを募集していたなんて！　しかし、後でわかったことには、どうやら私が間違えて面接を受けた店のほうが、仕事の内容も給料も職場環境もよかったようでした。

私はその店で一〇カ月ほど働き、店のマネジャーとも仲良くなりました。そして、その仕事を辞めるとき、最後の最後で、私は自分の間違いをマネジャーに打ち明けました。マネジャーも、あれはおかしな面接だったと思っていたようでした。

カメロンは、正しくものごとに着手しました。


✣彼は自分の好みに合う仕事の掲示を見つけた。

✣彼は主体的に電話をかけた。

✣彼は自分の経験を話し、その店のビジネスについて質問をした。

✣彼が犯した唯一のミスは、間違った店に行ってしまったことだった。

✣カメロンが、店のビジネスについて無知だったにもかかわらず、マネジャーは彼を採用した（おそらく、彼の取った行動と態度に感心して）。


カメロンの間違いは、彼が本来訪ねる予定だった店で手に入れていたであろう仕事よりも、よりよい仕事へとつながりました。私たちは、わざと間違えた場所に行けと言っているわけではありません！　私たちが言いたいのは、時々失敗をしてしまうことは必ずしも致命的なことではなく、予想外の状況に前向きな方法で対応することもできるということです。
カメロンは仕事を辞めるときまで自分の間違いを明かしませんでした。彼もマネジャーも面接は奇妙だったと思っていましたが、いずれにしても、カメロンは自分の仕事における能力をマネジャーにアピールすることができたのでした。

他人の間違いを活かす

当然のことながら、間違えるのは、あなただけではありません。他人の間違いを困ったこととしてではなく、チャンスとして扱うこともできます。キャンディスはそうしました。

Candice's Case

ボランティアをしながら仕事探し
ふとした間違い電話が採用のきっかけに

キャンディスのケース

私は看護師として働いていましたが、あまりの過酷さに体を壊し、一八年間続けてきた仕事を辞めることになりました。病院を辞めることにはなりましたが、病院で開催されるワークショップでボランティアの講師をやらないかという話がありました。私は時間を持て余したくなかったし、履歴書の内容の足しにもなるし、長く一緒に働いてきた同僚との関係は続けたいという気持ちもあったので、その話を引き受け、ボランティアをしながら次の仕事を探すことにしました。

あるとき、病院が開催したパーティーで、同僚が地元の大学で週に一回、看護の授業の講師をしていて、それがとても楽しいという話を聞きました。病院のワークショップでの講師の仕事にやりがいを感じていた私は、その同僚の話が心に残り、新聞で大学の求人広告をチェックするようになりました。そして、地元のコミュニティカレッジの看護の講師の求人広告を見つけ、応募しました。選考プロセスはまだ始まっていないはずでしたが、ある朝、その大学から電話がかかってきて、急きょ代講が必要になったので引き受けてくれないかと依頼されました。私は喜んで承諾し、四週間の代講を務めました。その四週間はとても楽しく過ごせましたが、正規の講師が戻ってくると、私の役目は終わりました。

二、三日後、どういうわけだかその看護のクラスの正規講師が私に間違い電話をかけてきました。私はすぐに声の主に気づき、「こんにちは!」と言って会話を続けました。四週間の代講がとても楽しかったことを話し、しばらく世間話をした後、彼女は私が講師に採用されたかどうかを聞いてきました。まだだと答えると、彼女は、講師を募集している大学をいくつか知っていると言って、三つも紹介してくれました。一方で、病院のワークショップのリーダーからも、パートタイムの仕事を紹介してもらうことができました。

キャンディスは電話に出たときに、「番号違いですよ」と言うこともできました。そのかわり、彼女は電話の声がだれのものかに気づき、会話を始め、新しく発見した自分の好きな仕事の情報を手に入れました。キャンディスの前向きな行動を見てみましょう。


✣彼女は前の職場のプロジェクトでの講師役にボランティアで参加した。

✣前の職場の同僚と、パーティーに参加した。

✣彼女は少なくともひとりとは会話をし、コミュニティカレッジで教える仕事について知った。

✣彼女は新聞で似たような求人を探した。

✣その求人に応募した。

✣彼女は、代講の講師として働くことにした（第一希望ではなかった）。

✣彼女はボランティアとして、代講の講師として、明らかによい仕事をした。

✣彼女は自分に間違い電話をかけてきた人と会話を始め、仕事の情報を手に入れた。

他人の間違いから
インスピレーションを得る

時として、間違いを認めることがベストな方法であることもあります。それが、他の人にとって希少なインスピレーションのもとになることもあります。ケントの話は、そういうケースでした。

間違いを認めてくれた先生
完璧でなくてもいいんだ

ケントのケース

Kent's Case

小学校から高校まで、生徒がテストで満点を取ることはめったにないのに、先生はテストの答えを全部知っています。だから、先生というものは、常に完璧で、なんでも知っているものだと私は思っていました。私は先生という職業に憧れていたものの、自分は決して完璧な人間ではないので、先生にはなれないだろうと思っていました。

一二年生（高校三年生）のとき、私はハウベイカー先生のクラスで政治の授業を受けました。

ある日の授業で、先生はアメリカの大統領と副大統領を選出する仕組みについて説明していて、「各州での選挙人投票は、それぞれの候補者が獲得した一般投票の数に応じて、分配されます」と言いました。おや？　と思った私は、手を挙げて、礼儀正しく言いました。

「ハウベイカー先生、そうじゃないと思います。一般投票で一番得票数の多かった候補者が、その州の選挙人投票をすべてもらえるのだと思います」

「いや、ケント、選挙人投票は複数の候補者に分配されるのだよ」

「そのほうが筋の通ったやり方に見えますが、実際には、一番得票率の高い候補者に選挙人投票がすべていくようになっていたと思います」

「ケント、君の勘違いだと思うけど、もう一度確認して、また明日報告するよ」

翌日の授業で先生は言いました。「昨日、ケントが選挙人投票の分配の仕方について指摘してくれたけれども、ケントが正しかった。私が間違えていた。ケント、間違いを指摘してくれて、どうもありがとう」

先生が間違え、それを認めて謝るなんて！　私は生まれて初めて見る光景に驚き、同時に勇気づけられました。「学校の先生が授業で間違いをして、それでも先生として成功しているのなら、完璧ではない自分でも先生になれるのかもしれない」

私は大学に進学して教育学を勉強し、その分野の仕事に就きました。教育の仕事はとてもやりがいのある楽しい仕事です。ハウベイカー先生、先生も人間だということを教えてくれて、ありがとうございました！

すべての意思決定に偶然が作用する

キャリアの選択に関する最大の迷信は、この世のどこかに、自分にぴったりの仕事が存在するという考えです。自分にとって完璧な仕事を探そうとしている人は、自分自身を大きなストレスにさらしています。彼らは次のように言います。

「もし間違った職業を選んでしまったら？　そうしたら、自分は一生不幸だ。そんな間違いは犯してはならない」

そう考える人は、キャリアカウンセラーのところへ行き、こんな質問をするかもしれません。

「私にぴったりの職業は何でしょうか？」。正直なキャリアカウンセラーなら、こう答えるしかないでしょう。「〝ぴったり〟な職業などというものは、あなたにも、他のだれにも存在しません。もしあったとしても、どうやってそれを見つけたらいいのか私にはわかりません。ただ、私たちにできるのは、あなたがより満足のいく人生をつくれるように行動を起こすお手伝いをすることです」

時として、とても似通った二つの選択肢の中から、合理的な根拠に基づいてひとつを選ぶことは非常に悩ましい問題です。両方の選択肢が、理由は違っても同じくらい魅力的で、どちらを選んでも間違いにはならないように思えることもあります。しかし、もし自分にとって完璧な仕事が存在すると信じているとすると、二つの選択肢のうち正しいのはひとつであり、もう一方は〝間違い〟ということになります。

このジレンマを解決するひとつの方法は、コインを投げるなど、正々堂々と運のメカニズムを利用して決めることです。二つの選択肢がそれだけ似ているのなら、どちらの選択肢も同じくらい魅力的であり、具体的な内容は問題ではありません。

広告会社か投資銀行か コイン投げで決めた結果は?

ネドのケース

Ned's Case

MBAを修了したネドは、二社から内定をもらい、どちらの会社に就職するべきか決めかねていました。ひとつは広告代理店で、もうひとつは投資銀行でした。どちらもそれぞれに魅力的な就職先で、考えれば考えるほど、迷うばかりでした。しかし、会社に返事をする期限が迫っていて、いい加減に決断を下さなくてはならない状況になりました。

車でサンフランシスコのベイブリッジを走りながら、ネドと彼の妻のメアリーは、もう何度目になるか、どちらに就職するべきかについて話し合っていました。悩むネドを見かねたメアリーは、「本当にどうしても決められないのなら、いっそのことコインを投げて決めてはどう?」と言いました。悩むことに疲れていたネドは、それも一案だと思いました。渋滞で車の流れが止まってしまうと、ネドはコインを取り出して言いました。「よし。表が出たら広告で、裏が出たら投資銀行にしよう」。ネドはコインを投げました。表が出ました。「OK。広告会社で決まりだ!」

それからベイブリッジを抜けるまでの数マイルを、ネドは無言で車を走らせました。そして、橋の反対側に到着したとき、ネドは再び口を開きました。「コイン投げは間違いだった。僕は投資銀行で働きたい」。ネドは投資銀行に就職することを決め、後にその銀行のマーケティングの仕事に携わることになりました。

ネドはコイントスの結果に従いませんでした。しかし、コインを投げることで、拮抗する二つの選択肢の間での行き詰まりを打開することができました。コインを投げることでネドは自分の気持ちが明らかになり、いつまでも迷って苦しむよりも、意思決定をして先へ進むほうがよいことに気づいたのです。

コインが実際の意思決定を行うのではありません。コインを投げても、決めるのはあなた自身です。コントロールを運に任せたふりをすることで、苦悩を過去に置き去ることができます。決断は下されました。そして、あなたは自分がそれについてどのように感じているかに意識を集中することができます。あなたは深いところでは自分が何を望んでいるかを知っていても、意思決定の責任をだれかに委ねたいときもあります。コインにその責任を委ねることで、一時的にでも、あなたは責任から解放されて、自分の心の奥底に耳を傾けることができるのです。そうしてから、コインに従うかどうかを決めればよいのです。

失敗に前向きに対応する

人はたくさんの間違いを犯し、それでいいのだということをたぶんもう納得してくれていることでしょう。重要なのは、失敗にどのように対応するかです。自分の間違いを否定するか、それとも認めるか。同じ間違いを繰り返すか、それとも失敗から学ぶか。失敗に落ち込み、やる気をなくすか、それとも次はうまくやると決心するか。失敗への対応の仕方が、この世の中の違いのすべてなのです。ドン・ルーカスのケースを考えてみましょう。

Don's Case

最初の学期にすべての単位を落とした
学費を稼ぐためのアルバイトが起業につながった

ドンのケース

ドン・ルーカスは貧しい幼少時代を過ごしました。ドンが八歳のときに父親はこの世を去り、教育を十分に受けていなかった母親は仕事を見つけることができず、生活保護を受けていました。母親は三人の小さな子供を連れ、インディアナ州からカリフォルニア州へ引っ越し、やっとスーパーの店員の仕事を見つけました。

ドンは高校生になりましたが、彼の学校はあまりよい環境とは言えない地域にありました。そこは、ドライブ・バイ・シューティング（走行中の車から発砲する襲撃）が編み出された地域と言われるような荒れたところで、大学に進学するクラスメートはほとんど存在せず、ドンも高校の最後の年になるまで大学進学について考えたこともありませんでした。その頃、彼は家計を助けるために午後四時から九時までガソリンスタンドで働いていました。

「ある日、すごくキレイな娘《こ》が店に入ってきて、ガス欠になったので助けてほしいと言ってきたんだ。私は店を離れることはできないからと言って、彼女にガソリンの缶をひとつ手渡した。しばらくして、彼女は、彼女の兄貴のものだというフォードのツードアのクーペで缶を返しにきた」

ドンはサリーという名前のその女の子と仲良くなりました。サリーは大学に進学するつもりで、ドンにもそうするように熱心に勧めました。「もし彼女に出会っていなかったら、大学進学なんてしていなかった」

サリーの激励で、ドンはコミュニティカレッジに入学したものの、最初の学期で、彼はすべての授業単位を落としてしまいました。通学に片道一時間もかかり、おまけに働いてもいたのに、授業を多く履修しすぎてしまったのでした。

こんな大失敗にもかかわらず、翌年、家の近くにある別の大学が彼を仮入学で受け入れてくれました。「単位を取るために一生懸命勉強したよ。大学入学準備のためのクラスも取り、サマースクールにも行った。私がちゃんと授業に出るようにサリーがいつも見張っていた」「一方で、私は生活費と学費を稼ぐために、もっと給料のよい仕事を見つける必要があった。それまで仕事といえばガソリンスタンドのアルバイトだけだったが、車のことはかなり詳しかったから、中古車販売の仕事を探した」。彼は授業の合間や学校が終わった後に中古車を売るようになり、彼はその仕事にとてもやりがいを見出すようになっていました。

一年後、ドンは中古車ディーラーの資格を取得し、サリーと二人で中古車を購入しては修理し、それを売って、収入を得るようになりました。これがドン・ルーカス・オートモービルの始まりでした。ドンは現在国内で上位五〇に入る車のディーラーのフランチャイズ「ルーカス・ディーラーシップ・グループ」のCEOです。ドンとサリーは結婚して五〇年になります。

（Leigh Weimers, San Jose Mercury News, April 4, 1999, pp.1G, 12G. Reprinted by permission.）


ドンが最初の大学での失敗にどのように対応したか、より詳しく見てみましょう。


✣家に近い別の大学に入学しなおした。

✣彼は一生懸命勉強した。

✣大学入学準備のクラスを取った。

✣サマースクールに通った。

✣サリーの励ましに前向きに応じた。

✣楽しめるパートタイムの仕事を見つけた。

✣過去の自分の経験を活かして、自分でビジネスを始めるという主体的な行動を取った。


彼は最初の大学での失敗を繰り返すこともできました。落ち込んで、あきらめることもできました。暴力団に入って、ドライブ・バイ・シューティングをやっていたかもしれません。酒やドラッグにはまっていたかもしれません。彼のケースは、最初の失敗に負けずに前向きに対応したよい事例です。

人生を前向きに進む

計画どおりに進まないものごとに取り組むにあたって、主に二つの選択肢があります。

（1）忍耐強く、何度も挑戦する。
（2）他のことに挑戦する。

どちらに進むかはあなた次第です。ある意味、戦うか、飛ぶか、というイメージです。正しい選択はありません。どちらの場合でも失敗から学ぶことができます。レズリーのケースを考えてみましょう。

Leslie's Case

臨床心理士の試験に不合格 悲嘆にくれるなかで「本当に好きなこと」を考えた

レズリーのケース

「残念ながら、あなたは臨床心理士試験に不合格となりました」。私はその通知を読んで悲嘆にくれました。心理学の勉強に何年も費やしてきたのに、大切な試験に落ちてしまったのでした。

しばらくして気持ちが落ち着いてくると、私は自分のそれまでの人生を振り返ることにしました。周囲の人たちに話を聞いてもらいながら、自分がそれまでに経験してきたことの「好き」「嫌い」を見極め、自分の情熱や動機を見つめなおそうとしました。そこで考えたことは、私がそれまでで最も充実感を感じた経験のひとつで、大学で新入生のためのオリエンテーション・プログラムの運営に携わったときのことでした。大学という新しい環境の中で、右も左もわからない、不安いっぱいの新入生をサポートし、彼らが成長していく姿を見ることができたのは、私にとっては本当にすばらしい体験でした。そのときの充実感を思い出した私は、また似たような経験ができる仕事はないものかと考え、教育の場を提供する大学という組織を運営していく仕事は自分にどうだろうか？　そんなふうに考えるに至りました。

臨床心理士試験での失敗とその後の自己分析の結果、私は臨床心理から大学経営へとキャリアの方向性を変更しました。そして今では仕事の内容にかなり満足しています。

レズリーは、あくまで心理学にこだわることもできました。彼女は試験の再受験を希望することもできました。彼女は、どうして点数が足りなかったのかを学ぶこともできました。でも彼女は違う道を選びました。

✣最初は悲嘆にくれた。
✣過去の情熱を振り返った。
✣自分の好き嫌いについて、周囲の人に話した。
✣彼女が本当に満足感を感じるものがある分野へと切り替えた。

ここで紹介した事例から、失敗することに関してのアドバイスをまとめてみましょう。

✣失敗や間違いはよく起こることであり、当たり前なことであり、学びのあるものだということを認識しよう。
✣自分の失敗を活かそう。

✣他の人の失敗から学ぼう。
✣どんな意思決定にも偶然性が影響していることを理解しよう。
✣失敗に対して建設的に取り組もう。
✣前へ進もう。

あなたの失敗に関しての経験を振り返る練習問題

失敗することは当たり前のことです。失敗することへの恐れが、新しいことへの挑戦を邪魔してはいけません。望みどおりにものごとが進まないとしても、そこから貴重な学びを得ることができ、将来何をすべきか、あるいはすべきでないか、より深く知ることになるでしょう。やってみないことには、何も始まらないのです。

1．あなたは今までに失敗したことがありますか？
□はい
□いいえ

2・あなたの友人知人に、今まで失敗したことがない人はいますか？
□はい
□いいえ

3・もしだれもが失敗をしていて、それでも生き残っていられるのであれば、失敗への恐怖心から人生の幅を狭めるべきでしょうか？
□はい
□いいえ

4・間違えたり、失敗したりすることが怖くて、あなたが実行できないでいることにはたとえばどんなことがありますか？

5・もし、質問4で書いたことをあなたが一生懸命やるとして、あなたにとっての最悪のシナリオはどういうものですか？

6・もしその最悪のシナリオが起こってしまったら、あなたはどのように対応しますか？

7・最もよいシナリオはどんなものですか。あなたが望んでいる成果とはどのようなものですか？

8・あなたがもし一度も挑戦しないとしたら、結果はどうなるでしょうか？

9・さてあなたはどの行動を選びますか？

□a．ベストを尽くす

□b．何か別のことをする（何：　　　　　　　　　）

□c．何もしない

完璧主義者である必要はありません。だれもが失敗をします。私たちは、あなたにわざと間違えろと言っているわけではありませんが、逃げ出してほしくないのです。もし、失敗が人生の中の当たり前な部分であり、そこから学ぶことができるということを理解できれば、ワクワクするような新しい経験がたくさんあなたを待っているでしょう。まずは行動してみることが大切なのです。

第6章

行動を起こして自分の運をつくりだす

今あなたが考えなくてはならないのは「これから先、どうしたら満足のいく人生を築くことができるか」ということです。

過去の自分をひきずったり、意にそわない現在の仕事にこだわる必要はありません。将来に向かって今の自分や環境を変えていくこと、そのために行動を起こすことが大切です。

チャンスを見つけるために積極的に行動を起こすことが、自分の幸運をつくりだすことにつながるのです。

あ る日、だれかが電話をしてきて、完璧な仕事をくれないだろうか、そんなふうに思ったことはありませんか？　願いを持つことで、おもしろい空想ができます。願望が害を及ぼすことはありません──ただ願っているだけでない限りは。

願う以外にあなたがすること、それが重要な部分です。完璧ではないにしても、納得のいく仕事を見つけるチャンスを増やすために行動を起こすことで、自分の運をつくりだすことができるのです。みんなが同じように毎日二四時間与えられていて、それをどのように使うかを決めるのは私たちひとりひとりの義務です。

なぜ計画どおりにものごとが運ばなかったか、過去のことをくよくよ考えて時間を過ごすでしょうか？　あるいは、チャンスをつくるために積極的に行動を起こして時間を過ごすでしょうか？

私たちは決して運だけに頼ることを勧めているのではありません。幸運は、積極的に活動して

Luck Is No Accident

いる人々に「起こる」という傾向があります。幸運は、ただ電話が鳴るのを待っているだけの人たちにはめったに起こらないものなのです。

イスラエル出身のオフラ・ニボが、もしよいことが起こってほしいと望むなら、適切な行動を起こすことが必要だということを説明する古いユダヤのジョークを教えてくれました。

モイシュは、宝くじが当たりますように、と毎日神に祈っています。

三カ月間祈り続けても何も起こらないので、彼は絶望的になり、彼は神に文句を言いました。

「神よ、私は貧しい男です。私の家族にはお金が必要です。私は、敬けんで善良なユダヤ教徒で、神の教えをすべて守っています。それなのになぜあなたは私に宝くじを当てさせてくれないのですか?」

ついに、天からの声が響きました。「モイシュよ、宝くじを当てたければ、お前はまずは宝くじを買わなくてはならない」

この章を読んでも、宝くじは当たらないかもしれませんが、他の人たちのキャリアに変化をもたらした行動、そして、あなたのキャリアにも変化をもたらすかもしれない行動について説明しましょう。

一度に一歩

「千里の道も一歩から」ということわざがあります。たしかにそのとおりですが、はじめの一歩は、あなたの行きたい方向に向いているかもしれないし、そうではないかもしれません。二歩目を進める前に、一歩目の結果を評価したほうがいいでしょう。次のジェイコブの話は、ステップ・バイ・ステップの考え方を説明しています。

一日中工場で働き、疲れ果てて寝るだけの生活　趣味で始めたパンづくりが生活の糧に

ジェイコブのケース

Jacob's Case

ジェイコブは自転車修理工場で働いていました。毎晩疲れ果てて家に帰ると、寝るまでの時間はテレビの前に座って過ごすのが日課でした。チャンネルを変える元気もなく、ただただテレビの画面をボーッと眺めているだけでした。そんなジェイコブの姿にうんざりした妻は、ついにある日、テレビを捨てるようにジェイコブを説得しました。

テレビがなくなると、時間を持て余すようになったジェイコブは、新しい趣味としてパン焼き

を始めました。パンづくりは思っていた以上におもしろく、ジェイコブはどんどんのめりこんでいきました。新しい種類のパンに挑戦したり、ケーキやクッキーづくりに挑戦したり、レパートリーを増やしていきました。友人たちにも味見をしてもらい、彼らの感想に熱心に耳を傾け、レシピの工夫と改善を続けました。気づくと、仕事を終えて家に帰り、パンやケーキを焼くのが一日の一番の楽しみになっていました。

家族や友人の協力もあって、ジェイコブはパンづくりに本格的に取り組むことにしました。まず、彼は数カ月かけてレシピを磨き、自転車修理工場を売って資金をつくり、パン屋を開きました。彼はまず自分のパンを持って、地元のレストランやスーパーの支配人を訪ねて回り、彼らに自分のパンを味見をしてもらいました。

すぐにいくつもの店から、注文が集まり、ジェイコブのパン屋は順調に成長していきました。

ジェイコブは彼の成功の要因を聞かれたとき、こう答えました。「着るシャツの色が変わっただけだよ。自転車のタイヤの跡のついた黒色から、小麦粉にまみれた白色に」

しかし、本当にそれだけのことだったのでしょうか？　このビジネスの成功を生みだした出来事をもっと深く観察すると、ジェイコブが取ったいくつかの行動が重要だったことがわかります。彼は、注意深く段階的に一連の行動を起こしていきました。

✣ジェイコブは、長年続けていたテレビを眺めるという受身的な活動をやめた（おそらく、妻からの強いプレッシャーがきっかけですが、それでも、実際にやめたのは彼自身です。彼はまた新しくテレビやラジオを買うとか、別の受身的な活動を選ぶことも簡単にできたはずです）。

✣彼は、努力を必要とする、パンを焼くことに取り組むようになった。

✣彼は当時の「本来の仕事」とはまったく関係のなかった趣味を選んだ（彼はとても熱心で、そのときはどんな「本当のキャリア」のチャンスも重要でなかった）。

✣彼は、彼の趣味の成果を友人と共有した。

✣彼はさまざまなレシピを試した。

✣彼は、友人たちの感想を聞いた。

✣彼は嫌いなビジネスを辞め、そして好きなビジネスを立ち上げた（友人や家族からの励ましが、彼を決心させた）。

✣彼は自分の労働の成果を、お客になりそうな人たちに進呈した。

✣彼は彼のパン屋の規模を拡張した。

ジェイコブは、はじめから「自分は大きいパン屋を所有したい」と宣言したわけではありませんでした。そうではなく、ひとつのステップの成功が、次のステップをもたらしたのです。彼は実行しながら学びました。彼は、謙虚に自分の成功をシャツの色の違いで説明していますが、成功を導いたのは彼自身の行動だということを私たちはよく知っています。

未来は今ここから始まるということを理解する

「どんなに遠くまで来ても、それが間違った道ならば戻れ」ということわざがトルコにあります。間違ったキャリアパスを歩んで来てしまったと気づく人は大勢います。何年も準備に費やし、少なからず経験を積んできたにもかかわらず、身動きが取れないように感じる——ダグと同じように。

Doug's Case
ダグのケース

今までこの仕事に投資してきたんだから
今さら辞めるわけにはいかない

あるパーティーで、ダグはマルシアに会いました。

「それで、仕事は何をしているの？」とマルシアが聞きました。

「不動産関係の仕事だよ」とダグは答えました。

「どうして不動産の仕事をするようになったの？」

「うん、大学では経済学を専攻していて、その後ＭＢＡを取って、それからこの街の小さな不動産会社で雇われたんだ」

「仕事はどう？」

「嫌いだね！」

「どうして？　何がいけないの？」

「とにかくすべてが好きじゃないんだ。いつも先を争って新しいクライアントを見つけなくちゃいけないし、しょっちゅうだれかと値段のことで言い争っている。そういうのが全部イヤなんだ。あとどのくらい自分が今の仕事にがまんできるか、わからない状況だよ」

「だったら、辞めて、何かほかのことをしたらいいのに」とマルシアは言いました。

「いやいや、それはできないよ。今までずっと不動産の仕事をやってきて、いろいろと投資してきたんだ。それを全部簡単には投げ捨てられないよ」


ダグのような状況は珍しくありません。今もし方向を変えてしまうと、それまでのトレーニングや経験に費やした年月が失われてしまうと多くの人は感じます。

この問題の本質は、今あなたが何をしていようとも、過去の年月は過ぎ去ったものであるということです。

問われるべき質問は、「これから先、どうしたら満足のいく人生を築くことができるか？」ということです。過去の経験はあなたに貴重な学びを与え、将来それを活用できるかもしれません。しかし、過去を守るべき投資だと考えると、身動きが取れなくなってしまいます。

株の世界でも、投資家は、「株式と結婚してはいけない」と繰り返し注意されます。同じお金でより将来性のある株に投資できるのに、五年間その株を所有してきたからといってパフォーマンスのよくない株を持ち続けることはばかげています。そして、その株が――あるいは市場全体が――急落するときは、あなたの投資を見直すときかもしれません。未来が過去にコントロールされている限り、新しい選択肢を考えることは難しいでしょう。

タイミングよくチャンスを利用する

強力な外的圧力が私たちの人生に影響を与えることもあります。戦争、地震、洪水や台風は、想定外の悲惨な出来事をもたらします。これらの出来事は、時として貴重な――想定外の――学びの経験をつくりだすこともあります。

ほかにも法律や習慣の変化などによって強力な外的圧力は引き起こされます。法律や予算の変更によって、以前は存在しなかったチャンスが突然に現れることもあります。油断なくキャリアを追求するためには、変化する状況に注意を向け、すばやく行動を起こしてチャンスをつかまなくてはなりません。ジェームズ・モントーヤのケースがそれを説明しています。

制度が変わって大学進学の選択肢が増えた このチャンスを活かして……

James's Case

ジェームズのケース

私はラテン系アメリカ人が集まるサンノゼで育ちました。何ひとつ不自由のない、居心地のよい地域でした。父は郵便局で働き、母はパートタイムで家政婦の仕事をしていました。どちらも高校を出ていませんでしたが、それは単に正式な教育を受けていないだけであって、私は彼らがとても頭のよい人たちであることを子供の頃から理解していました。

二歳年上の姉、シルビアもまた両親の賢さを受け継いでいました。彼女は、私たちの高校で最も難しいと言われていた生理学の授業でA+の成績を取ったり、科学の賞で表彰されたりしました。一九六九年に高校を卒業したシルビアは、郵便局で夜勤のアルバイトをしながら、サンノゼ州立大学に進学しました。

一九七一年に「アファーマティブ・アクション」（マイノリティ優遇措置）が施行され、各大学が積極的にマイノリティの学生を受け入れるようになりました。たった二年の違いで、優秀なマイノリティの学生にとって、大学進学の選択肢は大幅に広がりました。私はこのチャンスを利用して、スタンフォード大学に進学することになりました。姉のシルビアはこれをとても喜び、ぜひ地元を離れて遠くの大学でがんばるようにと応援してくれました。

シルビアはその後アメリカ空軍に入隊し、結婚して二人の娘を育て、四一歳でボイシ州立大学の経営学修士を取りました。それでも彼女は、たった二年の差で彼女が逃した私の世界を、自分とは別世界のもののように感じています。

（スタンフォードレポート、一九九八年一〇月二八日）

一九七一年のアファーマティブ・アクション（マイノリティ優遇措置）プログラムの存在が、一九六九年に高校を卒業した姉にはなかったチャンスをジェームズに与えました。ジェームズは、チャンスを認識し、スタンフォードに入学願書を出して合格しました。シルビアも出願していれば同じように合格していたかもしれませんが、一九六九年にはマイノリティ優遇措置の後押しはありませんでした。ジェームズは、チャンスを利用できるよい年に生まれただけでなく、彼は油断なく注意を払っていて、適切な行動を起こしました。数年前（あるいは数日前）には存在しなかったチャンスで、今あなたが利用できるチャンスにはどんなものがありますか？　変化する状況に対して、あなたはどれほど注意を払っていますか？

新しい法律や予算、新しいビジネス、教育プログラムなどを活用するために今あなたはどんな行動を起こすことができますか？

常にベストを尽くす
それが後で返ってくる

難しい仕事に一生懸命取り組んだ結果として、よい結果を期待するのは当然のことです。でも、世の中は必ずしもそれほど公平ではありません。しかしながら、時として見落とされているのは、後になって努力が他者に認められ、予期しない利益をもたらすことがあるということです。ジャネットがその一例を教えてくれています。

Janet's Case

一生懸命レポートを書いている姿を憶えていてくれた人から連絡が……

ジャネットのケース

大学二年生のとき、私はロシア語の授業でひどい成績を取ってしまったので、成績表が両親の元に届く前になんとか名誉挽回をしようと思い、かわりに生物学の授業でがんばることにしました。生物学では、最終レポートが本当にうまく書ければなんとかAが取れそうでした。そこで私は生物学のレポートに一生懸命取り組みました。何度も書き直し、それを授業の助手のナンシーにも読んでもらいました。彼女は親切にも細かくていねいなアドバイスをたくさんくれました。努力のかいがあって生物学ではAを取り、ロシア語のC^+の成績を両親は許してくれました。

話はそれで終わりではありませんでした。レポートに一生懸命取り組んだせいか、生物学に興味を持ち始めた私は、リサーチを経験したいと思い、次の学期のはじめに、生物学部の掲示板を見に行きました。一枚のアシスタント募集の張り紙を見つけ、応募するために生物学実験室を訪ねました。簡単な自己紹介をした後、大学院生から申込用紙を手渡され、記入するように言われました。

机の上を見るとすでに高さ四センチほどの申込用紙の山ができていました。私には経験もなかったし、これはとうてい無理だとあきらめて、そのまま申込用紙を持ち帰ることにしました。

家に帰るとナンシーという人から電話があって、私にリサーチのアシスタントを引き受けてほしいと言っていたと母親が言いました。私はすぐにナンシーに電話をかけました。ナンシーは実験室で私の声を聞いていて、すぐに先学期の私のレポートに対する熱心な取り組み姿勢を思い出し、リサーチのアシスタントになってもらおうと思ったというのです。私の後を追いかけて実験室を出たのですが、私はすでにどこかに消えてしまっていたということでした。

ラッキーなことに、私は申込用紙を出してもいないのに、レポートでお世話になったナンシーがその実験室にいて私の声を覚えていたというだけで、競争率の高いアシスタントの仕事をもらうことができました。私はそれが運命だったと思っています。これをきっかけに、私は生物学でのリサーチの経験を積み重ね、最終的には大学院に進学することになったのでした。

ジャネットがこの最初のリサーチの仕事を手に入れたのは運命だったのでしょうか？　ジャネットはそう思っているようですが、彼女がしたことを見てみましょう。

✣彼女は生物学の学期末レポートを一生懸命に書いた。
✣彼女は授業の助手のナンシーに何度も相談した。

✣彼女は実直にそして根気強くナンシーに相談したので、ナンシーは彼女の態度に感心した。

✣彼女は、すばらしいレポートを書いた。

✣彼女は、生物学部で仕事の可能性を探した。

✣彼女は、応募用紙をもらうために実験室に入り、他の大学院生のアシスタントに話しかけた（そのときナンシーが偶然そばにいたことには運の要素が存在する）。


ジャネットが、ただ家で待っているだけだったなら、その電話を受けることはなかったでしょう。応募用紙に記入しなかったことはおそらく間違いでしたが、彼女のすばらしい成果と主体的な行動が、幸運がチャンスとなる舞台をつくったのです。

欲しいものを要求する

何年間もよい仕事をしていながら、あまり認められなかったり、評価されたりしない人もいます。疲れ果ててしまって、何かほかのことを試したくなる人もいます。一方で、とても貴重がられていて上司が手放さない人もいます。

惰性は、これ以上とどまるべきでない場所にあなたをとどめてしまいます。変化に必要な行動を起こすことができるのはあなただけです。

恥ずかしがるのはばかげています――あなたが望むものを求めましょう！　ウーキーが何をしたかを見てみましょう。

Wu-ki's Case

コンピュータ関連の仕事に就きたいチャンスはごく身近なところからやってきた

ウーキーのケース

私は百貨店で中間管理職的なストア・マネジャーとして働いていました。毎日が同じことの繰り返しのように思えて、私は自分の仕事があまり好きではありませんでした。大学で歴史を専攻した私は、一九世紀に蒸気機関が産業のカギを握っていたのと同じように、現代の生産性向上のカギを握るコンピュータの存在に興味を持っていて、できることならばコンピュータ関連の仕事に就きたいと思っていました。でも、知識も経験もない私は、たとえ転職活動をしても、とても面接をごまかせるようなレベルにはありませんでした。

そんな話をしていたある日、私のフィアンセが突然言いました。「自分の会社のＩＴ部門に行って、仕事がないかどうか聞いてみたらどうかしら？」。あまりに単純な発想に私はびっくりしましたが、たしかに可能性はあるかもしれません。物は試しと思って、私はさっそく支配人に相談に行きました。そしてなんと、私はたったの五分でＩＴ部門の仕事をもらうことができたのでした。その後、社内異動の問題が少しありましたが、それも無事に解決し、念願のコンピュータ関連の仕事に就くことができました。はじめのうちは覚えなくてはならないことがたくさんあって大変でしたが、やるべきことを覚えると、私は自分の新しい仕事が本当に好きになりました。それはすばらしいキャリアチェンジでした。

絶望的なときは、あなたが助けた人たちを思い出す

自分に注意を向けてもらったり、他の人々に印象づけたり、根気強く自分のコンタクトを維持しなくてはならないときもあります。過去に、あなたはなんらかのかたちで他の人を助けたことがあることでしょう。彼らはあなたの親切を覚えていて、きっと恩返しをしたいと思っているはずです。頼みごとをすることを恥ずかしがらないでください。

a single mom's Case

思い切って昔の部下に相談してみたら人間性を評価されて……

シングルマザー弁護士のケース

私はシングルマザーの弁護士で、パリの会社から、アメリカのソフトウェア関連企業に転職してきました。ところが、新しい会社で働き始めてすぐに職場のおかしな人が私に対して嫌がらせをするようになり、ついにその会社を辞めざるをえなくなりました。

次の仕事を探さなくてはなりませんでしたが、長距離通勤や長時間労働のない仕事を見つけることができるかどうか不安でしたし、前の会社を短期で辞めることになった理由を話さなくてはならないことが苦痛でした。それでも、がんばって仕事探しに取り組みました。就職フェアに参加したり、新聞広告やインターネットで求人情報を探したりして、私は八社の面接を受けました。そのうちの何社かでは、何度かの面接を受けました。大変だったし、落ち込むこともありましたが、どの面接も自分の強みを相手にすばやく印象づけるよい練習になりました。

これだけたくさんの面接の機会を得ながら、最終的に次の仕事が決まったのは、昔のコネとタイミングのよさからでした。

前の仕事で、私はベンという独立コンサルタントをプロジェクト契約で雇ったことがありました。彼はその後テレコミュニケーション業界で自分の会社を立ち上げていて、彼とは時々連絡を取り合っていました。前の仕事でベンの採用を決めたのは私だったので、ベンは私に感謝してくれていて、自分にできることがあればいつでも相談してほしいと言ってくれていました。そのことをふと思い出した私は、頼みごとをするのは気がひけましたが、とりあえず相談してみようと思ってベンに電話をかけ、マーケティングの専門家を探している会社を知らないかどうか、聞いてみました。すると彼は、ちょうど自分の会社でマーケティングのスタッフを探しているところだと言いました。私は、彼に採用面接を申し込みました。

私は、テレコミュニケーション業界での仕事経験がなかったので、面接の場でなんとか自分の力を伝える必要があるだろうと思っていました。ところが、面接に出てきた彼らは、私の履歴書の文面ではなく、私という人間を見て、採用を決めてくれたのです。それは本当にうれしいことでした！

どのポットが自分の食欲を満たしてくれるかわかりません。だから、持っているポットは常にすべて温めておく必要があるということを実感しました。

自信がなくてもチャレンジすることを恐れない

新しい状況に対応しなくてはいけないときに、できるかどうか不安に思うのは当然のことです。過去にまったく同じ状況を扱ったことがないのだから、今回それを扱うことができるかどうかはわからなくてもよいのです。自信がなかったり、不安に思ったりするのは当たり前の感情ですが、それが行動を起こさないことの理由にはなりません。

Gwen's Case

小説を書くことが好き
好きなことを大事にして仕事を探していった結果……

グウェンのケース

一九九六年三月、グウェンはうまくいっていなかった結婚生活に終止符を打ち、母や義父の住むニューヨークを離れることにしました。彼女は一〇歳の頃、カリフォルニアに住む父親を訪ねたときの温かく幸せな記憶に吸い寄せられるように、サンディエゴに引っ越すことにしました。

グウェンは以前からひまさえあればいつも小説を書いていました。また、大手の書店で働いた経験から、本に対する情熱が高まり、いつか大学院で英文学を研究して、いずれは教授になりたいと考えていました。営業やオフィスワークの仕事をやったこともありましたが、クリエイティブな仕事を好む自分には合わないと思っていました。

サンディエゴに到着すると、グウェンはまず当面の生活費を稼ぐための仕事を探しました。前の上司の紹介もあって、彼女は地元の書店にアシスタント・マネジャーとして就職しました。「スタッフの採用やトレーニングから、店舗の改装までいろいろなことをやって、とてもおもしろい仕事でした」

しかし、四カ月ほどしてサンディエゴでの生活に慣れてくると、彼女はだんだんと物足りなくなってきました。「読書や小説を書くことが好きだったので、本のそばで仕事ができることはうれしいことでした。でも、自分が本当に好きなことに取り組む時間がなくなってしまうような管理職にはなりたくなかったんです」。グウェンは、書店のアシスタント・マネジャーの仕事を辞めることにしました。

その年の九月の大学院の出願にはまにあいそうになかったので、グウェンはまた別の仕事を探すことにしました。「新聞広告を見て、いくつかの新聞社の仕事に応募しましたが、何の音沙汰もありませんでした。それから、ロサンゼルスで手帳やファイルをつくる会社のマーケティングの仕事の求人広告を見つけて、とても興味を持ちました。ロサンゼルスまでわざわざ面接に出かけて、うまくいかなかったらバカらしいとも思いましたが、それもまた冒険だと考えようと思いました」

二週間後、グウェンはその会社の面接を受けるために、車でロサンゼルスに向かいました。どうなるか、不安な気持ちでいっぱいでした。ところが、会社を訪れてみると、「すぐに自分にぴったりなところだと確信しました。社員はみんなリラックスしていて、楽しく、クリエイティブな雰囲気にあふれた職場でした。私が応募したのは事務職でしたが、将来的にはそこで文章を書く仕事もできそうな気がしました」。

一週間後、グウェンは二度目の面接に呼ばれ、そして採用が決まりました。彼女がその会社で働き始めて七カ月が過ぎたとき、マネジャーのひとりが退職することになり、そのマネジャーが担当していた仕事の一部がグウェンに回ってきました。プレスリリースの仕事や、カタログやウェブに載せる広告をつくる仕事、タイムマネジメントの冊子づくりなどの仕事がありました。グウェンは広告コピーをつくる素質がありました。その能力を存分に発揮したグウェンは五カ月後にマーケティング・コミュニケーションズの専門家／コピーライターに昇進しました。「数百万ドルの予算を持つコピー・チーム を私がひとりで動かしているなんて、いまだに信じられないわ。自分の文章表現能力を試す機会があって、私は本当にラッキーでした」

（Mademoiselle, August 1998, pages 125-126. Reprinted by permission.）

しかし、彼女は単に「運がよかった」のでしょうか？　グウェンが自分の運をつくりだすために取った行動を見てみましょう。

✣彼女は、新しい生活を始めるために引っ越しをした。
✣彼女は、新しい仕事を確保する助けを得るために、元の雇用主と連絡を取った。
✣彼女は、最善の努力を尽くすことで、すべての仕事の機会を最大限に活かした。
✣彼女は、自分の仕事がルーチン化したと感じると、仕事を変えようと思った。
✣彼女は、採用のプロセスを自分の価値の測定ではなく、冒険と考えた。
✣自信がなかったにもかかわらず、彼女は新しい仕事に応募した。
✣チャンスを提示されると、彼女は仕事での新しい責任を引き受けた。

拒絶されてもあきらめない

頑固さは人をいらだたせることがあります。しかし、それが大きな利益をもたらすこともあります。ボブの話は、その典型的なケースです。

世界的なジャーナリストになったしつこくてうんざりするほどの若者

ボブのケース

Bob's Case

ボブはハーバード大学の法学部に合格しましたが、法学部ではなくジャーナリズムを専攻することを選び、将来はどうしてもワシントンポストで働きたいと思うようになりました。

ワシントンポストの編集長は、ボブのような未経験の人材を雇う気はありませんでしたが、ボブは二週間だけ無給で働くから自分の能力を見てほしいと交渉し、編集長を説得しました。その二週間で、ボブの書いた記事が紙面に載ることはありませんでした。ボブは賢い男でしたが、ジャーナリストとしてのスキルが不足していると編集長は感じました。ボブをトレーニングするにはエネルギーがかかりすぎるので、一年ほどよそで経験を積んでから戻ってきてはどうかと編集長はボブに言いました。

ボブはまさにそのとおりに実行しました。ワシントンポストの競合紙での仕事を手に入れると、まもなくニュースに食いつくたくましい記者となり、しばしばワシントンポストの記者を打ち負かすようになりました。数カ月後、ボブは再びワシントンポストと連絡を取ろうとしました。しかし、ボブのしつこさにうんざりしていた編集長は、電話口に出ようとしませんでした。それでもボブはあきらめませんでした。編集長の自宅の電話番号を調べ、ある土曜日の朝早くに電話をかけたのです。編集長はもう本当にへきえきして、「このしつこい成り上がりの若者には本当に困る」と妻に愚痴を言いました。すると妻は、「あら、あなたはしつこくてうんざりするくらいの人材が欲しいっていつも言っていなかった？」と言ったのです。編集長は、たしかにそうだと思いました。そして、ボブをワシントンポストで雇うことにしました。もしかしたらボブの思いどおりに事は運ばなかったかもしれませんが、編集長は強引で攻撃的な記者を評価するタイプの人だと見込んだボブの賭けが実を結んだのです。

ボブ・ウッドワードは、ウォーターゲート事件を報道し、リチャード・ニクソン大統領を辞任へと追い込んだ世界的に有名なジャーナリストになりました。勇気ある賭けが価値あるものかどうか、あなたは自分でそれぞれの状況を見極めなくてはなりません。

想定外の出来事をつくりだす方法を考える

この章では、行動を起こすことによって、実りある想定外の出来事をつくりだしたほんのいくつかの方法を紹介しています。最近私が行ったニュージーランドでのワークショップで、参加者からいくつもの行動の案を出してもらいました――その一部を整理したものを次にリストします。

●行動を起こす準備

✣行動を紙に書くことで意志を固め、行動のステップのリストをつくる。

✣小さなステップを重ねることで安心感を得る。

✣次のクラブのミーティングやＰＴＡの会議などに出席できるように段取りをつける。

✣まず「はい」と言ってから、どうするか方法を考える。

✣「今日何かひとつは新しいやりかたをしよう」と自分に言い聞かせ、それを実行する。

✣あなたの行動があなた自身だけではなく、他の人にどう役に立つかを考える。

✣職場の現在の問題を調べ、それらを解決する方法を考える。

●行動の障害を乗り越える

✣時としてばかげている私たちのこの世界にユーモアを見出す。

✣拒絶されても意欲を失わない――もう一度立ち上がって挑戦する。

✣もし失敗したとしても、何もしないより悪い状況になることはないということを理解する。

✣ストレスに対応する方法を学ぶ――心身をリラックスさせる。

✣小さな成功を祝う。
✣信頼を構築するエクササイズを実践する——たとえば賛辞を素直に受け入れる。
✣行動を遅らせる言い訳探しをやめる。
✣支援してくれる友人とのロールプレイングで、望ましい行動をまず練習する。

●行動を起こすI：キャリアの悩みをあらゆる種類の人に相談する

✣ネットワークをつくり、さまざまな人と交流し、関係を築く。
✣どんな会議や行事でも、三人の新しい人に話しかけることを目標にする。
✣仕事に情熱的な人を見つけ、その人の仕事についていろいろと質問してみる。
✣キャリアに関する悩みを友達に話す。
✣いろいろな人にキャリアに関する悩みを話す。
✣普段は怖気づいて避けてしまう人と話をしてみる。
✣本のサイン会などの会場で、有名な人と話をする。

●行動を起こすⅡ：学び続ける

✣興味を持ったことを調べる。

✣図書館で本をチェックする。

✣有名人に彼らの仕事について興味をそそるような質問をメールする。

✣個人の能力を高める講座を受講する——たとえば、トーストマスターズの会合やコミュニティカレッジの講座など。

✣インターネットを使って、興味あるテーマについての新しい情報を得る。

●行動を起こすⅢ：新しいことにトライする

✣いつもと違う道順で家に帰る。

✣新しい趣味やスポーツを試してみる。

✣あなたの興味をそそる組織でボランティア活動をする。

✣パーティーで、たとえば「もし宝くじが当たったら、あなたはどうしますか？」など難しい質問を投げかける。

✣似たような興味を持つ人の集まるオンラインのチャット・グループをつくる。

✣ギターを買う、ピアノを借りる、あるいは何か別の楽器を学ぶ。

●行動を起こすⅣ：プロジェクトに参加する

✣クラブや協会、グループに参加する。
✣イベントを手伝う。
✣何か特定の問題を解決するためのクリエイティブな解決案をまとめる。
✣自分の名刺をつくる。
✣まずは暫定的にプロジェクトなどに参加する。
✣興味ある分野で小さなステップを積み重ねて試してみる。
✣自分のプロモーションのためにクリエイティブな映像やパンフレットをつくる。
✣リスクの低いビジネスを始める――たとえば、犬の散歩代行など。
✣トレーニングやレクチャーをしたり、知識を共有したりする。

●行動を起こすⅤ：キャリアの幸運をつくりだす

この章から得られる重要なヒントをここにまとめます。

✣一度に一歩ずつ進む。
✣未来は今ここから始まるということを理解する。
✣タイミングのよいチャンスを利用する。

✣常にベストを尽くして仕事をする——それは後で返ってくる。
✣自分が望むものを伝える。
✣絶望的なときには、あなたが過去に助けた人のことを思い出す。
✣自己不信にチャンレジを邪魔させない。
✣拒絶されてもやり通す。
✣予期せぬ出来事をつくりだすために、他の実例も考慮する。

話をする時間はもうおしまい——行動に移すための練習問題

いよいよあなたが行動を起こすときがやってきました。

1・まずはあなたのキャリアについての願いごとを思い描いてください。その願いを空欄に書き込んで表現してください。

「私の願いは、＿＿＿＿＿＿＿＿が私に電話をかけてきて、と私に言うことだ」

2・もしあなたが何もしなかったら、あなたの望みが実現する可能性は何%でしょうか？

□0%
□25%
□50%
□75%
□100%

3・では、実現の可能性を高めるために行動を起こしましょう（保証はありません！）。もう一度あなたが電話をかけてきてほしい人の名前を書いてください。

4・次にその人の電話番号を調べてください（創造性を発揮してください。電話番号案内を使う、その人が働く組織の名前、インターネットのサーチエンジン、その人のことを知っている人……）。
電話番号をここに書いてください。

____

5・ではその番号をダイヤルしてください。

6・もしその人と連絡を取ることができたら、自分の言葉で次の内容を伝えてください。
「________さん、こんにちは。私は________の________です。私は________であなたがやっている仕事の役に立ちたいと思っています。自分の能力以外に何かを売りこむつもりはないし、自分自身以外のだれの代理でもありません。あなたと話す時間をもらって、自分があなたの役に立てる方法について話をしたいのですが、来週の________曜日はいかがでしょうか？」

7・その人と直接連絡が取れない場合には、メッセージを残して、電話をかけなおすのに都合のよい時間を聞いてください。あなたが主導権を取ってください――その人があなたに電話をかけなおすことは期待しないでください。

多くの人々は、チャンスがドアをノックしてやって来るのを待っていますが、ただ待っているだけでは何も起こりません。私たちは、あなたに自分からドアをノックしてほしいと思っています。すぐにたくさんのチャンスが見つかることに驚くことでしょう。新しい仕事に応募する前に、その仕事に必要なスキルをすべて学んでいる必要はないということを次の章で学びましょう。

第7章

まず仕事に就いてそれからスキルを学ぶ

会社が人材を募集するとき、彼らは必要なスキルやキャリアをリストアップします。しかし、あなたがそうしたスキルやキャリアを持っていなかったからといって、応募しない理由にはなりません。

彼らが本当に望んでいるのは、スキルやキャリアを身につけるための「学ぶ意欲」です。逆に、要求されるスキルを学んだからといって、それですべての仕事がうまくいくとは限りません。

変化の激しい時代には「学び続けること」が最も大切になるのです。

現代の大きな迷信のひとつに、ある職業に就く前に、その仕事ができるように訓練を受けなくてはならないということがあります。特定の教育的な準備を必要とする仕事もいくつかありますが、最初のトレーニングで必要なことすべてを学ぶことは不可能です。最も貴重なレッスンは、仕事を通して学ぶことのほうが多いのです。

さまざまな会社でいろいろな仕事を経験して、ある有名な出版社の副社長になった女性は、「私は、どうすればいいかわかっている仕事を引き受けたことはない」と言います。彼女は新しい仕事のやり方を学ぶことができる、といつも雇い主を納得させてきました。仕事を得た後で、彼女はそのやり方を学びました。

これまでは、雇用主が雇用を保障する仕事がよい仕事だと思われてきました。雇用の保障は、魅力的な給与としっかりした福利厚生制度とともに当然存在するものだと思われていました。まるで愛情ある両親のように、会社は学校を出たばかりのあなたを雇い、面倒を見てくれる存在で

Luck Is No Accident

した。

永久的な雇用保障への期待は、これまでも決して現実的なものではありませんでしたが、今はそれがますます非現実的になってきています。急速な技術の発展が、雇用の機会に大きな変化をもたらしています。

教育に「完了」はない

伝統的な雇用保障に頼ることができないのなら、身を守るために頼れるものがほかにあるでしょうか。うれしいことに、頼れるものは存在します。それは、「生涯学習」です。

「でも、もう学校は卒業したよ」とあなたは思うかもしれません。どんなに学歴があっても、教育が完了したと思ってはいけません。いつもすぐに役立つことを学んでいるとは限りませんが、学習は常に続いているのです。

もしあなたがまた学校に戻ることを考えてぞっとしているならば、不安になる必要はありません。学習は、教室の中でも外でも、どこでも可能です。必ずしも学校に行く必要はありません。学校でのイヤな経験を持っていて、もうこれ以上そういう経験はいらないと思っている人もいます。幸いなことに、あなたはどこにいても学ぶことができるのです。行くところすべて、出会う人すべて、読んだり聞いたり経験したりすることのすべては、あなたの学びに寄与します。そして、ただ単位を取るだけのためではなく、オンラインや社会人教育、コミュニティカレッジの夜間講座、ワークショップやセミナーなど、学びのために集まっているグループに参加することがどれだけ楽しいことか、驚くことでしょう。

どんな仕事も学びの経験にする

ある方向に進んで、自分のコントロールを超えた状況でその道がふさがれていることがわかり、別の方向に興味を広げるということもあります。マリアの話はそのようなケースです。

Maria's Case

教員になるために勉強を続けてきたが気がつくと不動産金融会社の副社長に

マリアのケース

私は大学でマーケティングを専攻し、二年間広告代理店で働きました。その後、アルゼンチンで英語教師をやり、教育に興味を持った私は今度は国内で学校の先生になることを目指していました。

教員の資格を取るまでの間、友人が勤める小さな会社で、パートタイムで働くことになりました。仕事の内容は、学校教育とは無関係で、家などの財産の価値を査定するというものでした。友人の推薦があったので私は無事に採用され、教員免許を取る一方で、パートタイムで働き、査定ビジネスについていろいろと覚え始めました。

教育実習も終え、教員免許を取得したものの、学校では人員削減が行われている時期で、私はなかなかフルタイムの教員の仕事を見つけることができませんでした。私は時々代講教員の仕事を引き受けながら、査定会社での仕事も続けました。

査定会社のほうは順調にビジネスを成長させていきました。会社の成長に伴い、私の責任も大きくなっていきました。マネジャーになり、ディレクターになり、気づいたときには不動産金融会社の副社長になっていました。

マリアは、学校の先生になろうと思っていましたが、最終的には不動産金融会社の役員になりました。当時の教育業界の不況のせいで教員の職を見つけることができず、彼女は不動産査定会社でのパートタイムでの仕事を続けました。彼女は仕事を通じて学び続け、不動産の勉強のために学校に通ったことがないにもかかわらず、彼女は昇進していきました。

ある仕事で学んだスキルを次の仕事に活かす

会社が計画して、支援する学習もあります。だれかと連絡を取り合うことや他の経験の結果として偶然に得られる学習もあります。オープンな心と、学習に対する熱意で、ビクトリアは思いがけず満足度の高い道を歩んでいることに気づきました。

経験はなかったけれど学んだことを活かして銀行からＩＴ企業へ

Victoria's Case

ビクトリアのケース

私はイギリスからアメリカに引っ越してきて、仕事を探していました。私は時間を持て余していたので、ひまつぶしと健康維持のためにスポーツクラブに入会することにしました。

ある日、スポーツクラブのジャグジーで、ある女性と仲良くなりました。彼女はちょうど銀行での仕事を手に入れたところでした。彼女が言うには、その銀行ではさらにスタッフを雇う必要があって、未経験者であってもトレーニングを用意してくれるということでした。私は、銀行業界での仕事の経験はまったくなかったのですが、彼女に教えてもらった採用担当者に連絡し、そして仮採用で雇われることになりました。

三カ月で私は正社員に昇進しました。私は、その銀行に二年半勤め、その間に会計のスキルを学びました。今度はその会計スキルを活かして、IT関連の企業に転職することになりました。ベンチャー企業でオンラインの会計の仕事をし、そこで私はHTML（Hyper Text Markup Language：ハイパーテキストを制作するための言語）を学び、今はHTMLの専門家として働いています。

自分のスキルを過小評価しない

会社が求人広告を出すとき、彼らは応募者に望むスキルをいくつもリストアップします。これは、雇う側が希望するもののリストです。しかし、あなたがリストされているすべてのスキルを持っていないからといって、応募しない理由にはなりません。会社は、基本的には〝仕事に貢献してくれる人〟を探しているのです。

もしあなたが気さくで、他の人々とコミュニケーションを取ることができ、学ぶ熱意を持っているならば、あなたは、ほとんどの会社が望む最も重要な条件をすでに備えています。最初から仕事のやり方を完璧に知っている必要はないのです。彼らはあなたに学んでほしいと思っています。よりよい方法で仕事ができるようにあなたに教えたいとも思っています。あなたが提供しなくてはならないのは、学ぶ意欲です。

タッチタイピングができなくてとても焦ったけれど……

ある テレビ局スタッフのケース

a TV staff's Case

私はタッチタイピングができませんでした。本来なら高校生で学ぶべきことだったのですが、一六歳のマッチョな脳みそでは、タイピングは女性がやるものだと考え、まじめに取り組まなかったのです。

私は、テレビ局のニュース編集室に就職しました。仕事の初日、私はコンピュータのある部屋に連れて行かれ、メモを見てニュースをコンピュータに打ち込むようにと言われました。自己流のタイピングで作業を始めたものの、タッチタイピングができないことが周りの人たちにわかってしまうと、私はとても恥ずかしくなり、赤面し、汗が噴き出してきました。作業を続けながらこっそり部屋を見回してみると、二人のニュースキャスターと、そのテレビ局のスター的存在のレポーターも打ち込みの作業をやっていました。彼らは三人とも、左右の手の一本の指だけを使って、キーボードを叩いていました。私は密かに「オレの勝ちだ！」と思いました。なぜなら私は左右三本ずつの指でタイピングしていたからです。

私は一四年間そのテレビ局で働き続けました。

自分が楽しめることを経験から学ぶ

自分が本当に楽しいと感じることは何か、それを考えるためのヒントは自分の経験の中にあります。人によって楽しいと感じることがいかに異なるか、本当に驚かされます。もし全員が会計士になりたいと思い、だれも学校の先生や鉱員や整備士になりたいと思わなかったら、世界はいかにありえない状況になるか、想像してみてください。興味を調べるテストなどで、あなたがどのような種類の仕事を楽しむ可能性があるかを知ることができますが、ステファニーの話が示すように、自分を納得させることができるのは自分自身の個人的な経験だけです。

Stephanie's Case

「本当に好きなことを」と考えていた矢先に母が病に倒れて……

ステファニーのケース

私は人の役に立つ人間になりたいと思い、大学では社会学を専攻しましたが、大学卒業後は企業の情報部門に勤めることになりました。私はその仕事をあまり好きになれませんでした。会社の業績が悪化すると、人員削減のために同僚の何人かが会社を去ることになりました。その中のひとりが、いつでもバックアッププランを持っていることは重要だね、とこぼしたことがきっかけで、私は自分が本当に好きなことを見つけて勉強しようと決意しました。

その頃、母が脳卒中で倒れました。私は、母の世話をする療法士の仕事を観察して、母を動かし、運動を手伝う方法を覚えて懸命に介護しました。あるとき、私は自分が母を助けるということだけでなく、介護の活動そのものにやりがいを見出していることに気づきました。それは情報部門での仕事よりもずっと楽しく、大学で社会学を学ぼうと思った頃の自分の気持ちとはるかに近い感覚でいる自分に気づき、この分野を本格的に勉強したいと思いました。

いろいろと調べてみた結果、理学療法で学位を取るには時間がかかりすぎるので、私はマッサージ療法の学校に通うことに決めました。それ以来、私は後ろを振り返ったことはありません。

ステファニーの経験は、家族の重い病気という悲劇的な予想外の出来事さえも、人の人生を思わぬ方向に変える可能性があることを示しています。ステファニーは、企業での仕事には彼女が期待するような保障がないことに気づきました。同時に、彼女は「自分が本当に好きなこと」（すなわち、「人を援助すること」）を考えることが重要であることを悟りました。彼女はまた柔軟性を持つことの重要性にも気づきました。理学療法の学位が彼女の時間的枠組みに合わないとわかると、彼女は関連する分野（マッサージ療法）を学び、そして「それ以来後ろを振り返っていない」と生き生きとして言っています。

自ら昇進のチャンスをつくる

多くの人が自分の業界や専門領域で昇進したいと思っています。一般的な戦略としては、よい仕事をして、それが認められ、報われることを望むことです。残念なことに、それは必ずしもうまくいくとは限りません。

そういう場合には、ペイジのように自ら主体的に働きかけることが重要です。

Paige's Case

アシスタントから正社員へ そして、さらに提案を続ける

ペイジのケース

私は派遣社員として法律事務所で働くことになりました。仕事内容は弁護士のアシスタントでした。働き始めてしばらくすると、仕事ぶりが気に入られ、正社員にならないかと誘われました。私は弁護士アシスタントの仕事にも興味はありましたが、実は本当にやりたかったのはマネジメントの仕事でした。そこで、正社員になるにあたり、私は自ら自分の職務内容の提案書をつくりました。会社は快く私の提案を受け入れてくれました。私は四年間その法律事務所で働き、たくさんの新しいスキルを身につけることができました。

ペイジの話は、よい仕事をしていれば、それが次のチャンスにつながるということを示しています。多くの人にとっては、正社員になれることで十分だと思うでしょう。ペイジは違いました。彼女はさらに学びたいと思い、スキルを高めたいと思っていました。彼女自身のためでもあり、会社のためにもなることを提案して、何を失うことがあるでしょう? 彼女は主導権を取り、自分の職務要件をつくりました。彼女のすでに証明されている業績と主張力が、彼女を予想以上の

結果へと導いたのでした。

学習の障害をチャレンジと考える

学習の機会は常に身近にありますが、必ずしも好きな方法で学びたいことを学べる状況にあるとは限りません。グウェンは、文化や仕事に身をさらすことがベストな学習方法だと思っていました。彼女は少しずつより古典的な学習方法を追求し、それが思いがけない利益をもたらすことに気づきました。

Gwen's Case
留学先のスペインが気に入って医学部の学生からマーケティング・コンサルタントに
グウェンのケース

私は医学部の学生でした。三年生のときに一年間海外留学をしたいと思って先生に相談したところ、スペインのセビリアに行くことを勧められました。私はスペイン語が大好きだったので、即座に「いいかも」と思いました。

私は三年生の一年間をとても楽しく過ごし、スペインをとても気に入りました。そして、翌年に大学を卒業すると、再びスペインに戻ることにしました。そのときは、その後六年間も自分が海外で暮らすことになろうとは、夢にも思っていませんでした。

スペインでは英語を教える仕事を始めましたが、二年ほどたつとその仕事に飽きてしまいました。何かほかのことに挑戦しようと思いましたが、スペイン人でないということは、ほかの仕事を見つけることはほとんど不可能に近いことでした。

そこで私は大学院を調べました。バルセロナに国際的なMBAプログラムがあることを知り、そこに入学して二年間学校に通いました。卒業後の一年間は、バイオ関連の企業で働きました。そして二七歳のとき、サンフランシスコに本社のあるアメリカ企業が、インベストメント・プロモーションのオフィスをバルセロナに開き、その運営をするという仕事をもらいました。私はさらに前進し、独立して国際的なマーケティング・コンサルタントとして働いています。

グウェンは、三年生の一年間をスペインで過ごすことを勧められたとき、彼女は楽天的に「いいかも」と思いました。楽天的であることに加えて、グウェンは目の前に現れた壁に負けませんでした。外国人であるために新しい仕事を見つけることが難しいとわかったにもかかわらず、彼女は学びながらスペインにとどまる別の方法を見つけました。彼女は大学院に通い、ＭＢＡを取り、そして国際的なビジネスで新しいキャリアをつくりました。
学習を続けていくうえで、次のことを覚えておいてください。

✣教育に「完了」はない。
✣どんな仕事も学びの経験にする。
✣ひとつの仕事で学んだスキルを、次の仕事を得る資格として使う。
✣自分の能力を過小評価しない。
✣自分の経験から、自分が楽しむことは何かを知る。
✣自分で昇進の機会をつくる。
✣学習への障害をチャレンジとしてとらえる。

学び続ける人になるための練習問題

あなたには、ずっとやってみたいと思っていたのに、今まで時間がなくてやっていないことがありますか。

実利のなさそうなものであっても、興味のある趣味を始めてみるとよいでしょう。あなたはきっともっと早く始めればよかったと思うに違いありません。

この章のストーリーからわかるように、新しい学習経験をつくるのに遅すぎるということはありません。次の質問に答えながら生涯学習について考えてみてください。

1・あなたが最も学んでみたいものをひとつ選んでください。

□車の基礎的なメンテナンス方法（あるいは車以外の機械、あるいは：　　　　　　　　　）
□テニス（あるいは他のスポーツ：　　　　　　　　　）
□小説の書き方（あるいは詩や短編）
□スペイン語会話（あるいは他の言語：　　　　　　　　　）
□フランス革命の歴史（あるいは他の歴史：　　　　　　　　　）
□家具の塗り替え方
□個人事業の立ち上げ方
□ピアノ（あるいは他の楽器：　　　　　　　　　）
□スピーチがうまくなる方法
□その他（　　　　　　　　　　　　　　　　　　　）

2・学びたいことを学べない理由は何ですか？

□時間がない

□教えてくれる人がいない

□お金がかかりすぎる

□その他（　　　　　　　　　　　　　　　　　　　　）

3・あなたの理由に少し反論してみましょう。

だれにも等しく毎日二四時間の時間があります。それをどう使うかを決めるのはあなたです。どの時間をあなたは空けることができますか？

□教えてくれる人を見つけるには、何が必要でしょうか？

□独学はできませんか？

□インターネットで同じ興味を持つ人を探すことはできますか？

□そのテーマについての本を読むことはできますか？
□正確にはいくらお金がかかりますか？
□より安い学習方法はありますか？
□まず小さく始めるには、どうしたらよいですか？

4・今までで最も楽しかった学習経験を思い出してください。どのようなところが楽しかったのでしょうか？
□注目された
□先生がおもしろかった
□独学で学んだ
□チームの一員として学んだ
□すぐに人生に役立てることができた
□その他（　　　　　　　　　　）

5・あなたが個人的に最も役立つと思う学習方法はどのようなものですか？
□他の人の説明を聞く

□他の人がやるのを見る
□ガイドがいて、自分でやってみる
□だれもいないところで自分でやってみる
□その他（　　　　　　　　　　）

6・どのような状況で、あなたは学習を最も楽しむことができますか？

□家で
□図書館で
□インターネットで
□教室で
□観光船で
□先生やコーチと一対一で
□旅行で
□本やマニュアルを読むことで
□その他（　　　　　　　　　　）

7・学習を高めるために、あなたはこれから何をしますか?
□特に何もしない
□よい始め方についてだれかにアドバイスをもらう
□何か行動を起こす
□その他(　　　　　　　　　　　　　　　　　　)

8・はじめの一歩をいつ踏み出しますか?
□今すぐ
□一時間以内に
□今日中に
□明日
□その他(　　　　　　　　　　　　　　　　　　)

仕事の世界では、自分の資格について恥じる必要はありません。今現在何か知らないことがあるとしても、いつでも学ぶことができます。そして、学習は退屈なものである必要はありません——新しいスキルを学びながら楽しむことができるのです。この章に登場したビクトリアやステファニーやその他の人たちの話のように、あなたは生涯新しいスキルを学び続けるでしょう。学び始めるのに遅すぎるということはなく、また学習はキャリアだけでなく、人生すべてを豊かなものにすることができるのです。

第8章

内なる壁を克服する

自分にとって理想的だと思う仕事の多くは、最初は無給だったり、くだらない仕事だったりします。

でも、最初から収入が高くて、責任も重い仕事を期待することはできません。どんなことからでも、始めてみなくてはなりません。

しかし、行動を起こすことが重要なのに、それが時として難しいのはなぜしょうか？　あなたの中にある心理的な障害、まずはそうした心の壁を克服することに焦点を当ててみましょう。

この本で伝えたい基本的なことは、積極的に行動してチャンスをつかみ、新しい経験を最大限に活かそうとすることで満足のいくキャリア、満足のいく人生を見つけることができるということです。

いろいろな選択肢を模索し、興味をそそることについてもっと学び、どのようにあなたが他者の役に立てるかを考えることを、私たちはあなたに勧めてきました。興味をそそる活動に積極的にかかわっていくことがカギです。しかし、何が自分の興味をそそるのか、どうしたらわかるのでしょうか？　何を模索するべきか、どうしたらわかるのでしょうか？　何を学ぶべきか、どうしたらわかるのでしょうか？　何が重要か、どうしたらわかるのでしょうか？

前もってそれを知る方法はないというのがこれらの質問への答えです。さまざまな活動を試してみることによって見つけられるのです。

好きになるものもあるし、そうでないものもあるでしょう。もちろん、自分が好きなことによ

Luck Is No Accident

り多くの時間を費やしてください。しかし、選択肢を模索し続けることを忘れないでください。

情熱をつくりだすことが本当にできるか？

「あなたの内なる情熱を発見しよう」というアドバイスをよく聞きますが、これはどうでしょう？　よいアドバイスではないでしょうか？　おそらく、どうやってそれを発見するかというのが重要な質問でしょう。じっと座って自分のへそを眺めていることが、情熱を発見する効果的な方法だとは私たちは思いません。情熱は、重要な活動に従事する人々とのかかわりによってはぐくまれるのです。

理想的な職業を見つけるにはどうしたらよいでしょうか？　最もよい方法は、あなたに最大の学びをもたらす機会を活かし、あらゆるチャンスを利用して新しいスキルを学び、そして新たな興味を見つけ育てていくことです。

単に仕事が欲しいだけのときもあるでしょう――どんな仕事でもいいから今すぐに。そんなときにあなたがすべきことはこういうことかもしれません――住む家を確保し、積極的に経験を積んでいくこと。希望にそわない仕事でも、何かしら重要な学びを得ることができるでしょう。もしあなたの仕事があなたの興味に合っていれば、それはさらによいことです。たとえあなたの仕事が理想的なものでないとしても、あなたはベストを尽くして信頼されるように仕事をするべきです。人々が自分にとって理想的だと思う仕事の多くは、最初は無給だったり、くだらない仕事だったり、あるいはその両方だったりすることがあります。でも、どこからでもいいから、とにかく始めなくてはなりません。最初から収入が高くて、責任も重い仕事を期待することはできないのです。まず、実行力があることを示す必要があります。アメリカで最も成功しているテレビのパーソナリティのひとり、オプラ・ウィンフリーも最初は受付係だったのです。

行動への障害を克服する

行動を起こすことが重要であるのに、それが時として難しいのはどうしてでしょうか?

行動を起こすことを妨げる障害には二種類あります。それは、外的な障害と内的な障害です。あなたが飛行機のパイロットになりたいとしましょう。いきなり操縦室にもぐりこんで、飛行機を離陸させることはできません。その厳しい責任に対しての準備をするには、何年ものトレーニングと経験が必要です――そして、そのトレーニングはお金がかかります。これが外的な障害の一例です。

もし条件を満たしていれば、あなたは軍に入ってパイロットの訓練を受けることもできます。そうすれば外的な障害のひとつを克服することができます。しかし、あなたはそのうち飛行機の操縦には危険が伴うことに気づくでしょう。その危険には、自分の手足や命にかかわる肉体的な危険、そしてトレーニングから脱落した場合の屈辱に対する恐怖も含まれます。このような危険を冒すのは怖いと感じるかもしれません。その恐怖心が内的な障害の一例です。

前向きな考えを持つ

外的な障害も内的な障害も克服することができますが、私たちは自分の内側にあるもののほうがよりコントロールしやすいはずです。だから、まずはそこに努力の焦点を合わせましょう。重要なステップのひとつは、建設的な行動を助けるような、ポジティブな考え方を持つことです。失敗するだろうと思っていれば、おそらくあなたは失敗するでしょう。成功できると信じれば、成功するチャンスは飛躍的に高くなるでしょう。だから、あなたが自分の内的な障害と向き合い、克服できるようないくつかの考え方に注目しましょう。

✣働いた経験は、ないよりはあったほうがいい。

ネイトは社会学の修士課程を卒業したばかりでした。彼は何社もの面接を受け、この二カ月間で三社から内定をもらいましたが、すべて辞退してしまいました。「どの会社も十分な給与を出してくれなかった。私は学部の四年間に加えて、さらに二年間かけて修士を取ったのだから、もっと高い給与をもらっていいはずだ」とネイトは考えました。その結果、彼はいまだに仕事を見つけることができていません。

ネイトは、教育の年数が彼に高賃金の仕事に就く資格を与えるという誤った考え方に苦しんでいます。雇用主は、学校に通った年数に対して給料を払うのではありません。彼らは、あなたが今彼らのためのできることに対して報酬を払うのです。彼らは、あなたが過去に他の人々に対して価値あるサービスを提供したという証拠を探すでしょう。それがあなたが今何か価値あることをできるかどうかを教えてくれるからです。もしネイトが彼のすべての時間を学校で過ごし、まったく仕事の経験がないのであれば、彼にあえて高い初任給を支払う雇用主はいないでしょう。

ネイトは、仕事のスキルを学ぶ機会を得られるポジションを受け入れ、彼の価値を証明するのが賢明でしょう。後でより高い給料を交渉すればいいのです——自分の能力を証明してから。

✣過去に何をしてきたかには関係なく、あなたは今すぐキャリアの方向性を変えることができる。

ケイシャは大学を卒業しましたが、自分がどんな仕事をしたいのかわかりませんでした。両親の勧めもあって、彼女はロースクールを受験して入学しましたが、法律の勉強を好きになれませんでした。競争的な雰囲気や、果てしない判例暗記、数々の専門用語、金銭への固執、すべてが彼女を憂鬱にさせました。それでも彼女はなんとか耐え抜いてロースクールを卒業し、小さな法律事務所に就職しました。当然、彼女は自分の仕事が大嫌いでした。どうして辞めないのかと友人がたずねると、彼女はこう答えました。「今までたくさん投資をしてきたのに辞めるなんて！　大学の四年間と、ロースクールの三年間と、弁護士になってからの三年間。そのすべてを捨てるなんて無理！」

ケイシャの誤解は、教育と経験はもし彼女がキャリアの方向性を変えると失われてしまう投資だと考えている点です。それらの過去の年月は過ぎ去ってしまったものです。すでに六年間嫌いなことをやってきたからといって、彼女は残りの人生もその嫌いなことをやり続けるべきなのでしょうか？　その六年間は、彼女がまったく新しい状況においても活用できる、いくつかの貴重な学びを得たはずです。方向性を変えるとそれまでの投資をムダにすることになるという考え方に彼女は疑いを持つ必要があります。かわりに、自分にとってより満足のいく人生をつくるために、新しい方法を模索することができるはずです。

✣失敗は、人生において当たり前のことで、ひどいことではない。

ニコールはバレエダンサーになりたいと思っていました。高校生の間は地元でバレエのレッスンを続け、将来はニューヨークに行ってプロのバレリーナを目指したいと思っていました。しかし、彼女の両親はその夢を無謀だと思っていました。「バレリーナになるなんて無理だよ。成功するのはほんのわずかな人たちだけ。あなたはそういう才能を持っていない。ニューヨークに行ったら間違いなく失敗する」

ニコールはどうしてもニューヨーク・バレエ団に挑戦したかったのですが、彼女は思いました。「両親は私が幸せになることを願ってくれている。彼らには私よりもずっと世の中のことをわかっていて、私がどうすべきかを考えてくれているはず。反対を押し切って挑戦して、もし失敗したら、両親に恥をかかせることになってしまう」

ニコールは、失敗は惨事だという誤った考え方に苦しんでいます。たしかに、ニコールはニューヨーク・バレエ団に入れないかもしれません。むしろ入れない可能性のほうが高いかもしれません。それは悲惨なことでしょうか?

それはニコール自身がそうだと思う場合だけです。挑戦するという経験は刺激的な冒険で、すばらしい学びの体験になるかもしれないと考えるほうがもっと建設的です。結果のいかんにかかわらず、精一杯やってみて、そのプロセスを楽しみ、ショービジネスについて学ぶことから満足感が得られるはずです。ニューヨークへオーディションを受けに行くという経験の先に何があるか、だれにもわからないのです。

自分の自尊心を守るため、あるいは周囲からの強烈なプレッシャーに対抗するために、ベストを尽くすことを拒む人もいます。学生ならば、学期末試験のために勉強することを拒むことで、万が一落第しても、それは能力の不足ではなく、努力不足の結果だったと言うことができます。あるいは、彼らが実は望んでいない学校に入れようとする親の圧力に抵抗するための方策として、SAT（大学進学適性テスト）や大学院入学試験のための勉強を拒否する学生もいるでしょう。

このように、ベストを尽くすことを拒む振る舞いも内なる障壁です。ベストを尽くすことによって、あなたの選択肢は広がります。しかし、必ずしもその選択肢を選択しなくてもよいのです。全力を尽くしてみないことには、自分自身について知ることもできません。ここに潜む不安は、自分が知りたくないことを知ることになるかもしれない、ということです。

もしかしたら、あなたが重要だと考えている能力や性格的な特徴が、自分には不足していることに気づくかもしれません。今現在の自分にどんな能力が不足しているかを知ることは、むしろ役に立つことです。なぜなら、それがわかれば、これからそれらの能力を身につけることができるからです。あなたは生まれたときから何でも知っているわけではありません。生涯にわたって徐々に学んでいくのです。能力とは学びの成果だと考えることで、全力を尽くそうという気持ちがわき、自分自身の中に壁をつくるようなことを避けることができるでしょう。

✣ベストを尽くすのに、明確な目標を持っている必要はない。

レオンはとりあえず大学に入ったものの、自分が何を専攻したいか、将来はどんな職業に就きたいか、わかりませんでした。授業には出席しましたが、試験勉強はほとんどしませんでした。「本当にやりたいことが見つかったら、そのときはすぐにでも真剣に勉強に取り組むよ。それまでは、とりあえずぶらぶらしてるんだ」と彼は友達によく言っています。

レオンの行動も、内なる障壁の一例です。彼は学内の仕事に何度か応募しましたが、彼の教授からの強い推薦がなかったので、採用されませんでした。彼は、履修した授業をひとつもモノにしようと努力しなかったので、それらに対して情熱を持つことはありませんでした。

レオンは、「目標」はどこからともなく出現して、発見されることを待っているものだという誤った考えを持っていました。さまざまな活動に自ら積極的に取り組むことで、人々が目標をつくりだしているということを彼は理解していませんでした。中途半端な努力では、目標はつくりだせません。目標は、活動の経験によって変化するものです。どんな授業や活動でも、自分がかかわることにはなんでも精一杯努力してみるほうがレオンは幸せになれるでしょう。そうすれば、彼は努力家であるという評判を得て、さらに自分の情熱を発見することができるかもしれません。

内なる壁を克服するための練習問題

自分で自分を妨害しているかもしれない考え方を克服するには、まず、内なる壁に関連するあなた自身の考えや思い込みを明らかにする必要があります。

1・あなたは、自分の学歴は給料の高い仕事に値すると思っていますか？

□はい

□いいえ

2・1の答えが「はい」の場合、あなたにとって、より現実的な考え方はどのようなものですか?

3・これまでにすでにたくさんの投資をしてきたので、今の仕事はもう変えられないと思っていますか?

□はい

□いいえ

4・もし「はい」と答えたなら、あなたにとってより現実的な考え方はどのようなものですか?

5・あなたは、失敗は悲惨なことだと思っていますか？

□はい

□いいえ

6・もし「はい」と答えたなら、失敗を回避するためのあなたにとってより現実的な考え方はどのようなものですか？

7・努力する／ベストを尽くすためには、まずは目標を明らかにする必要があると思っていますか？

□はい

□いいえ

8・もし「はい」と答えたなら、あなたにとってより現実的な考え方はどのようなものですか？

9・あなたの希望を実現させることを阻んでいる考え方には、他にはどのようなものがあるでしょうか？

10・質問9で挙げた考え方があなたを妨げないようにするために、あなたはどのように自分の考え方を変えることができますか？

ケイシャやニコール、レオンの経験は、あなたには当てはまらないように見えるかもしれませんが、彼らの人生から学ぶべきレッスンをよく考えてみると、そこには目に見える以上に大切なものがあることがわかるはずです。

内なる障壁に邪魔されずに、あなたの人生やキャリアの中で偶然の出来事を最大限に活かしてください。この本で学んだことのすべてをあなたに最大限に活かしてほしいと私たちは思っています。

おわりに

この本からあなたに学んでほしかった重要なレッスンは何でしょうか？　私たちは次のように考えています。

✣将来何になるか、決める必要はない。

その時々で目標はつくってもよいが、目標はあなたの成長や学習、環境の変化に伴って常に変化する可能性があるものです。常に目と心をオープンにしておきましょう。

✣想定外の出来事があなたのキャリアに影響を及ぼすことは避けられない。

想定外の出来事が起こったときにはいつでもそれを利用できるように常に注意を怠らないでいましょう。

✣現実は、あなたが考える以上の選択肢を提供しているかもしれない。

夢を追求するときは、夢を見つつ、しっかり目を開けておくということを忘れないでください。

✣いろいろな活動に参加して、好きなこと・嫌いなことを発見する。

どんな活動にも積極的に取り組んで、ベストを尽くしましょう。

✣間違いを犯し、失敗を経験しよう。

間違いや失敗は重要な学びの経験となり、それが予想以上によい結果に結びつくこともあります。

✣想定外の幸運な出来事をつくりだそう。

人の手伝いをしたり、組織に所属したり、講座を受講したり、友達や見知らぬ人と話をしてみたり、ネットサーフィンをしてみたり、本や雑誌を読んだり……つまりは、積極的に人生を送ることで、想定外の幸運な出来事をつくりだすことができます。

✣どんな経験も学びへの道。

新しい仕事は常に新たな学びの経験です。その仕事に就く前に、仕事のやり方を知っている必要はありません。

✣仕事以外でも満足感を得られる活動に携わる。

雇用されていなくても、そのような活動を通じて、従来とは異なる方法で、他者に貢献することができます。人生の後半では、それはむしろ老後への健全なアプローチです。

✣内面的な障害を克服するために、新しい考えや経験にオープンであり続ける。

人生を豊かで満足感のあるものにする考え方や行動を取り入れましょう。ブッカー・T・ワシントンの言葉を借りれば、「成功とは、たどり着いた地位よりも、むしろ成功を目指して克服してきた困難で測るべきだ」。

〝いつも学び、いつも挑戦し、いつも好奇心を持つ〟

二〇〇二年に八九歳でこの世を去ったジョン・ガードナーは「現世の聖人」と呼ばれています。スタンフォード大学の学長ジョン・ヘネシーは「ジョン・ガードナーは、社会にポジティブな影響をもたらす個の力の模範である」と評しました。ガードナーは、リンドン・ジョンソン大統領のもとで、保健・教育・福祉長官として、一九六四年の公民権法の施行、高齢者向け医療保険制度（Medicare）の立ち上げ、一九六五年の初等中等教育法の通過決議、公共放送協会（ＣＰＢ）の設立に貢献しました。また、彼は早くから選挙資金制度改革を提言した市民グループの創始者でした。これらは彼が達成したいくつもの偉業のごく一部にしかすぎません。自分の人生や、自分が世の中に与えたい影響について考えながら、ジョン・ガードナーがこの世を去る前の年に自分自身の人生を振り返りながら書いた文章を読んでみてください。


私のキャリアは一貫性はあったけれども、もつれた毛糸の玉のようだった。

私は自分がどこに向かっているかを理解していただろうか？　ぜんぜん！

私は論理的にキャリアを計画していただろうか？　ぜんぜん！　全体構想などなかった。私は、生涯を通じて元気よくへまをやり、成功し、頭から転び、起き上がってはまた前に突進して、いくつかのシンプルな価値観にこだわり、だれかが言っていたように〝いつも学び、いつも挑戦し、いつも好奇心を持つ〟というよい信念を持って生きようとしてきたカリフォルニアの少年だった。

人生に幸運をつくりだす

世の中に貢献するために、政治的に高い地位に就いたり、ビジネスで成功したり、世間に広く認められたりする必要はありません。あなたがどこにいても、どんな仕事をしていても、だれと出会っても、あなたには自分がどんな人間かを世の中に表現するチャンスがあります。あなたの優しさと励ましで、人の役に立ち、意義ある仕事をすることができます。ジョン・ガードナーがそうであったように、あなたのキャリアが「もつれた毛糸の玉」のようであっても、それでよいのです。常に学び、挑戦し、好奇心を持ち続けてください。

訳者あとがきにかえて

２０１９年5月4日、ジョン・クランボルツ先生が永眠されました。先生のご冥福を心よりお祈り申し上げます。初めて先生とお会いしたのは、プランドハプンスタンスの考え方をベースにハプンスタンス論を展開されてまもない、２０００年の3月でした。春とはいえ、まぶしい日の差し込む研究室で、大柄な先生が身振り手振りを交えて熱心にハプンスタンス論を語ってくださった姿がつい先日のことのように思い出されます。

先生は元気に自転車でご自宅とスタンフォード大学を往復され、キャリアカウンセリングで長年の盟友のジェラット先生と、週末ごとにテニスをされていました。その姿を思い出すにつけ、世の中の変化を重視し、一歩踏み出し、行動することを大切にするハプンスタンス論はまさに、クランボルツ先生の日ごろの行動や生き方から生まれてきた考え方だなと感じます。

ハプンスタンス論では、日々の行動や節目作り、チャンス作りにおいて「好奇心」を持つ。その好奇心に向き合い、それに取り組み続ける「持続力」を発揮する。後ろ向きにならず、自分の力や考え方を信じて前向きに可能性を追求する「楽観性」を持つ。面白いもの確実なものだけを追求せず、また過去からの安定や防御に浸りきることなく、「チャレンジ」する。アンラーニングやオープンさを大切にする「柔軟性」を発揮する。といった行動原則を基本としています。

それゆえ、特定の領域の専門性を重視し、体系的にスキルや知識を積み重ねることをキャリア開発・形成の基本とする伝統的なキャリア論に大きな衝撃を与えました。しかし、スタンフォード大学のあるシリコンバレーは、短期間のうちに想定外の出来事が頻繁に起こり、変化は当たり前の地域。プランドハプンスタンスの考え方が実感を伴って納得されたのではないでしょうか。さらに仕事や働き方が常に変化する時代が進むにつれ、ハプンスタンス論が拡がっていくようになったと理解しています。

私たちは1999年に大学の中にキャリア自律の考え方やその普及を実践するキャリアリソースラボを立ち上げ、組織中心の働き方から能動的に自身のキャリアを開発するキャリア自律の考え方の研究と実践の運動を開始したところでした。クランボルツ先生が提唱されたプランドハプンスタンスの考え方はまさに、我々の活動のバックボーンとなりました。

変化の時代、変化に対応することは重要です。しかし、変化対応というアプローチは面倒な問題を抱えています。変化が常に起こるのであれば、対応は常に受け身となります。それではいつまでたっても、変化に対して受け身的対応だけで終わってしまうという問題です。プランドハプンスタンス的な考え方、ハプンスタンス論は一見変化対応型モデルに見えますが、そうではありません。むしろ、どんな変化が起きても、あるいは変化の芽が見えたとしても、それを自分のチャンスに変え、成長につなげ、チャンスを獲得していくことを可能にする考え方といえます。

何が起こるかわからないことには対応できないという考えもあるかと思います。でも起こり得る変化に先んじて対応し、準備することは可能です。プランドハプンスタンスの「プランド」とは、そのような常に起こる偶発的な、コントロールできない、そして想定外の出来事に対する対応力を準備し、身に付けることに他なりません。

クランボルツ先生がハプンスタンス論を提唱される以前は、組織の目標や、個人の価値観と整合性のある目標を定めることがキャリア開発の基本でした。自身に対する期待や要請を理解し、職務・業務の遂行に必要となるスキルをアップすることや、知識の向上のために体系的・継続的な学習が重要という考え方が主流であったかと思います。それに対して、むしろ成長のため、自分のライフキャリアにおけるチャンスの拡大に向けて、長年計画していたわけではなくとも、自分の価値観やスキルにこだわり過ぎずにチャレンジしてもいいのだ、という考えは、変化の時代に悩み・不安をかかえていた多くの方々に新しい視点を提供し、元気づけてくれたのではないでしょうか。

もちろん、自分の会社や仕事を取り巻く環境をきっちりと分析し、キャリアに必要な知識やスキルを体系的に身に付けるため、用意周到に準備することも重要です。環境が安定し、あまり変化がなかったり、変化といってもある程度想定できて準備できるのであれば、このような分析・体系的なスキルの蓄積のアプローチは効力を発揮します。でも何が起こるかわからない、自分の仕事を支えているスキルなどが大きく変化したり、仕事そのものがなくなってしまう、などの事態に対しては必ずしも効果的なアプローチとは言えません。

皆さんの周囲で、キャリア開発に成功したと思う人たちは、どのような行動をとっていたでしょうか。ちょっとした変化や、昨日や一昨日とは異なる仕事の流れなどを見て、それをチャンスの芽としてとらえ、積極的に対応し、チャンスを自分のものにしていったのだと思います。

キャリアデザインワークショップで、キャリア作りの支援をしていると、それは頭ではわかるが、行動がついていかない。前向きな行動や一歩の踏み出しよりも、不安が先に立つ。想定外の時はチャレンジよりもむしろリスクから逃げたい。先が見えないところに身を置きたくないという声をよく耳にします。自分でキャリア方針を考えずに、会社や周囲に任せてきたので、自分で決めるといっても、どうしたらいいかわからない方々がむしろマジョリティかもしれません。これまで会社に振り回され続けてきたので、もうこれ以上振り回されたくない。でもどうしたらいいのかわからない方もいます。ですので、単純に「変化の時代はキャリアデザインを自分で」と言われても、途方に暮れるという人が多いのが現実でしょう。

翻って、キャリア開発を支援する「職業能力開発促進法」の2015年の改正（2016年施行）では、職業生活の設計とそのための能力開発は従業員自身の責任とされ、その責任を個人が果たすことができるよう、組織は従業員に対してキャリアコンサルティングの機会を提供しなければならないとされています。また、2021年4月1日から、70歳までの雇用延長が企業にとっての努力義務となりました。雇用が流動的になり、働き方が多様化し、組織の改廃や仕事の消滅などが日常的に起こる状況の中で、私たちはいくつまでどういう雇用制度のもとで働くのか、兼業・副業はどうするのかなどを、個人の責任で決めなければならないのです。

しかし、不安にあふれた人たちに、チャンスを積極的にものにしていこうといっても、ハプンスタンス論的な考え方を理解・実践してもらうのは簡単なことではありません。ハプンスタンス論は仕事のできる人、前向きな行動をとれる人、自信にあふれている人たちに対する理論なのではと、その方々は思うかもしれません。

でも、私たちが読者になっていただきたい方は、むしろ不安をもち、自信がなく、どうしたらいいかわからず、自分にどんな実力があるかなどわからないと感じている人たちです。本書ではこのような不安や悩みを持っている方々が、自分なりにつかむことのできるチャンスに向けて心を動かし、行動するヒントをまとめています。就職にとまどい、なかなかいい仕事にめぐりあえず、キャリア形成など考えたくないと思っている方にこそ、この本を読んでいただきたいのです。

有名人や成功したビジネスマンの自慢話ではなく、ターミナルの繁華街や地域の商店街を歩いている「普通の人」たちにこそ、いろいろなチャンスが身近に転がっている。それをつかまえ、自分のものにしていこう。そういうメッセージにあふれた本とお考えいただければと思います。

ちょっと軽いタッチになっていますが、この本に登場する主人公のそれぞれが「普通の人たち」であり、自分なりのキャリアデザインに成功することのできた人たちです。亡くなられたクランボルツ先生からは、キャリア論による分析というよりは、日本の若者を元気づけ、行動を起こす勇気が湧いてくるような翻訳にしてくださいという温かい助言をいただきました。クランボルツ先生の了解をいただき、日本の実情に合わせるため、かなり意訳をしましたし、削除したケースもありました。

この本には「普通の人たち」がどう困難に向き合い、チャンスをものにし、変化を乗り切れるか、そのヒントがあふれています。「偶然を活用してチャンスをつかむ」という考え方は、勝者の勲章のためのものではありません。「普通の人たち」がオープンマインドを持ち、自分の変化・成長のためにアクセルを踏み、不確実な状況や偶発的に起こる事態に対して準備をし、とりあえず行動してみる。そのためのヒントとしてこの本をご活用いただければ、亡くなられたクランボルツ先生、私ども翻訳者一同の望外の喜びです。

この本の翻訳にあたり、クランボルツ先生との出会いを可能にしてくださった、私どもの仲間たち、元キャリアアクションセンター所長シャロン・ブレイさん、スタンフォード大学キャリアセンター元所長ボブ・サークスさんに心より感謝いたします。これらの方々との出会いがあり、そしてプランドハプンスタンスの連続を通してキャリアリソースラボという研究・キャリア実践機関が生まれ、その活動から我々は多くの学びを得ることができました。プランドハプンスタンスの考え方をベースに置く、キャリアデザインワークショップを実践し、本当に多くの方々のキャリア支援のお手伝いをさせていただく機会を得たことに感謝申し上げます。これからもキャリアデザインワークショップや、キャリア開発・形成の支援を行う方々のお手伝いをしてまいります。いつか読者の皆さんとのプランドハプンスタンス的な出会いがあることを期待しております。

２０２０年６月５日　　翻訳者一同

［著者］

J.D.クランボルツ（John D. Krumboltz, Ph.D.）

スタンフォード大学 教育学・心理学教授。アメリカ心理学会およびアメリカ科学振興協会フェロー。キャリアカウンセリング理論の先駆者。

A.S.レヴィン（Al S, Levin, Ed.D.）

カリフォルニア州立大学 カウンセラー教育教授。

［訳者］

花田光世（はなだ・みつよ）

慶應義塾大学総合政策学部教授／SFC研究所キャリア・リソース・ラボラトリー代表
1971年慶應義塾大学文学部心理学科卒業。78年南カリフォルニア大学大学院博士課程（組織社会学）修了（Ph.D.-Distinction）。90年より現職。組織調査研究所を主宰し、人事教育制度の各種調査研究、コンサルティング活動にも携わる。

大木紀子（おおき・のりこ）

ＳＦＣ研究所キャリア・リソース・ラボラトリー研究員
1999年慶應義塾大学総合政策学部卒業後、2001年政策メディア修士課程修了。

宮地夕紀子（みやぢ・ゆきこ）

ＳＦＣ研究所キャリア・リソース・ラボラトリー研究員
1995年慶應義塾大学総合政策学部卒業後、プレスオールタナティブを経て、慶應義塾大学政策メディア研究科でキャリア開発の研究を行い、99年に修士課程修了。

その幸運は偶然ではないんです！

2005年11月17日　第１刷発行
2024年11月12日　第20刷発行

著　者――Ｊ．Ｄ．クランボルツ　Ａ．Ｓ．レヴィン
訳　者――花田光世・大木紀子・宮地夕紀子
発行所――ダイヤモンド社
〒150-8409　東京都渋谷区神宮前6-12-17
https://www.diamond.co.jp/
電話／03･5778･7233（編集）　03･5778･7240（販売）

装丁――――斉藤重行
製作進行――ダイヤモンド・グラフィック社
印刷――――勇進印刷（本文）・加藤文明社（カバー）
製本――――ブックアート
編集担当――石田哲哉（ishida@diamond.co.jp）

ISBN 4-478-73324-4